图说 丰碑

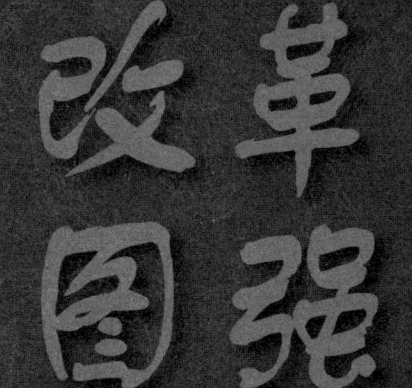

改革图强

李默 / 主编

广东旅游出版社

中国·广州

图书在版编目（CIP）数据

改革图强 / 李默主编 . — 广州：广东旅游出版社，2013.10（2024.8 重印）

ISBN 978-7-80766-666-0

Ⅰ. ①改… Ⅱ. ①李… Ⅲ. ①政治改革—研究—中国—古代 Ⅳ. ① D691

中国版本图书馆 CIP 数据核字 (2013) 第 221444 号

出 版 人：刘志松
总 策 划：李 默
责任编辑：张晶晶　梁斯棋
装帧设计：盛世书香工作室　腾飞文化
责任校对：李瑞苑
责任技编：冼志良

改革图强
GAI GE TU QIANG

广东旅游出版社出版发行
（广东省广州市荔湾区沙面北街 71 号首、二层）
邮编：510130
电话：020-87347732（总编室）020-87348887（销售热线）
投稿邮箱：2026542779@qq.com
印刷：三河市嵩川印刷有限公司
　　　（河北省廊坊市三河市杨庄镇肖庄子村）
开本：650×920mm　16 开
字数：105 千字
印张：10
版次：2013 年 10 月第 1 版
印次：2024 年 8 月第 3 次印刷
定价：45.80 元

［版权所有　侵权必究］
本书如有错页倒装等质量问题，请直接与印刷厂联系换书。

出版者识

　　《图说历史丰碑》是一部全景式图文并茂记录中国文明历史的大书。出版者穷数年之力,会集各方力量——专家、学者、编辑、学术顾问们,在浩如烟海的历史档案、资料、著作中,探珍问宝,追寻中华文明在悠悠历史长河中的灿烂之光。此书的出版,凝聚了编撰者的心血,学术顾问们的智慧。尤其是李学勤先生,亲自动笔写下了序言,更增加了本书沉甸甸的分量。

　　中华文明的历史充满了辉煌与苦难,成就和挫折。它的历史无处不在,决定着我们中国人今天的思想和感情。当今的中国和中国人是中华文明的历史造就的,是中华文明的历史的延伸,也是它的一个组成部分,中华文明的历史之河奔流到现在。

　　中华文明是人类历史上最伟大的文明之一,是人类文明发展的主要构成。中华文明丰富、深刻、辉煌、博大,在人类文明中的骨干作用和领导作用人所共知。在人类文明的发源时期,中国就是四大古国之一,是地球上文化的策源地之一。在人类文明的早期,中华文明成为文明在东方的支柱,公元前后200年间,人类的汉帝国与罗马帝国这两只铁手攫住了地球。在欧洲进入中世纪的时候,中华文明更成为人类文明最主要的领导,它的文明统治东亚,传遍世界。进入近代,中华文明处于自身的重压和西方的欺凌下,但中国人民的斗争史和奋起精神是人类文明历史中不可缺少的一页。

　　五千年的中华文明为人类贡献出了从思想家孔子到科学技术的四大发明、从唐诗宋词到长城运河的伟大创造,贡献出了从诸子百家到宋明理学,从商周铜器到明清文学的深刻内涵,也贡献出了从五霸七强到三国纷争、从文景之治到十大武功的辉煌历史。中华文明的历史绚烂多彩,在人类文明的历史长河中永放光芒。

　　中华文明也是人类历史上最独特的文明,没有哪一个文明像中华文明这样持久,这样统一一致。世界上其他文明不但互相交错,其创造者也都与高加索体质的人种有关,它们是姐妹文明。在人类历史中,只有中华文明才是独特的,它的创造者是中国土地上的中国人民,与其他任何地方的人民都没有关系,它的文化是统一一致的文化,可以不依赖于其他任何文明而生存,但中华文明也绝不是封闭的,它接受他人的文化,也承担自己对于人类的责任。

　　人类进入新世纪,中国的社会经济发展令世人瞩目。人们对于世界未来的政治和经济结构的估计无不以东亚和太平洋为中心,而尤以中国为重点。

　　经济起飞只是当代中国的一个方面，中国的精神文明的建设尤为刻不容缓。如果中国要自觉地发展中华文明，要有意识地使中国的发展具有世界意义，就必须发展强有力的精神文化，这样才能使中华文明的发展进入一个新的阶段，才能形成中国和中华文明的全面现代化。

　　而中国的精神文化的发展植根于中华文明的伟大传统之中。进入近代之后，在西方文化的冲击下，对于中国文化的价值产生大量的情绪化和激烈冲突的论调。"五四"运动打倒孔家店的口号具有冲破封建束缚的时代意义，对中国文化的发展有不容否认的正面意义，与文化虚无主义是完全不同的。文化虚无主义者否定中国传统文化，在现代化的旗帜下主张全盘西化；而复古主义则沉迷于中国文化的古董，走进反进步、反科学的泥潭。

　　历史的发展则超越了所有这些论点，产生这些论调的一百多年来的中国近代史已经结束。历史要求中国发展，要求中国走在全世界发展的前列。西化论和复古论都已过时，历史已经要求世界超越西方，中国可以承担起世界的命运，而中国的现实和世界的历史都说明，中国的使命在于它的发展前进，而非倒退。

　　中华文明走出迷惘的时代，我们这一代处在一个伟大而具有挑战的历史阶段。

　　总结历史、展望未来，这就是《图说历史丰碑》的意义和使命。我们创作《图说历史丰碑》，力求总结和回顾中华文明的全貌，在内容和形式上都开创一个新的局面。在内容结构上，既具有一定的深度，又具有相当的广博性，既有严谨、准确的学术价值，又有活泼、流畅的可读性。我们在本丛书内容纳了中华文明的各个方面，使它综合了大规模学术著作的系统性、严密性和普及读物的全面性、简易性，它既可作为大型工具书检索中华文明的各个成分，又可作为通俗的读物进行浏览。

　　我们从上世纪90年代初起就开始思考中华文明的历史和现实问题，并逐渐形成了编著《图说历史丰碑》的设想。在开展这项庞大的文化工程之始，我们就聘请了国内权威学者李学勤、罗哲文、俞伟超、曾宪通、彭卿云诸先生担任学术顾问，他们对计划作了充分讨论，并审阅了大量初稿。我们聘请了广州、香港地区的社会科学学者、大学教师、研究生以及我社编辑人员几十人担任稿件的撰写工作。

　　通过创作这部书，我们深深地感受到了中华文明的博大精深，也感受到了它的内在缺陷。中华文明具有辉煌的时期，也有苦难的年代，有它灿烂的成就，也有其不足的方面。中华文明在自身中能够吸取充分的经验和教训，就能够使自身健康壮大，成长发展。

　　通过创作这部书，我们也深深感受到了出版事业的使命和重任。我们希望这部书能受到广大读者的喜爱，起到它所应当起的作用。为中华文明的反省、前进和奋起作一点贡献。

目 录

华北最早新石器文化裴李岗文化形成 / 001

马家浜人食用粳稻 / 003

中国开始使用金属进入铜石并用时代 / 004

商王修建二里头宫室宗庙 / 007

商代服装上衣下裳 / 009

车战代替步战成为主要作战方式 / 010

周武王封邦建国 / 014

周朝分封诸侯 / 015

西周新型土地制度井田制普及 / 016

吴国改造铜矛 / 019

晋悼公立·晋复强 / 019

子产当政开始改革 / 021

赵烈侯开始改革 / 022

秦献公改革秦政 / 023

商鞅变法 / 024

赵武灵王胡服骑射 / 028

秦始皇开创帝制 / 030
汉文帝除肉刑·改革刑制 / 035
汉武帝重编京师诸军·改革中央军队 / 038
汉武帝改革官制加强中央集权制度 / 040
光武倡导薄葬 / 041
曹操屯田 / 043
魏道武帝持续改革 / 044
魏除三等九品输租制 / 046
魏冯太后杀子·临朝称制推行汉化 / 046
齐制律令·改定三长、均田等制 / 048
中国政治由三公九卿向三省六部制过渡 / 050
杨坚建立新体制·加强中央集权 / 052
隋文帝改革府兵制 / 054
隋代开始凿运河·沟通南北交通 / 055
科举制形成 / 058
唐行开元通宝钱 / 060
唐七军阵法创新 / 061
推行两税法 / 063
唐兴厚葬 / 065
宋废除宰相坐议礼 / 069
科举制完善 / 069
宋置武学 / 071
庆历新政开始 / 073
宋设置医学 / 075
宋元丰朝改革官制 / 075
哲宗新班·新法复行 / 076
宋高宗变革兵制 / 079

宋建水军 / 083
犁耕取代锄耕 / 084
理学入主教育 / 087
西夏实行科举制度 / 088
金国进行币制改革 / 090
宋立太学三舍法·改革学制 / 091
朱元璋建立卫所制 / 092
明行户口制 / 093
置殿阁大学士 / 094
内阁体制形成 / 095
官员服装实行"补子" / 097
兵部尚书于谦创设团营制 / 101
宪宗重建团营 / 102
八股文定型 / 103
明廷对西南推行"改土归流"政策 / 105
科举制度鼎盛 / 107
更定刑部条例 / 110
江西请行一条鞭法 / 111
张居正改革 / 112
顺治亲政·进行一系列改革 / 113
建立密折制 / 116
完善摊丁入地制 / 117
开始发养廉银 / 118
改土归流运动开展 / 119
雍正推广官话 / 120
龚自珍为变法张目 / 121
《天朝田亩制度》规划"天国"理想 / 122

洋务运动展开 / 124

洋务教育鼎盛 / 126

盛宣怀大办洋务 / 129

南洋公学创办 / 130

时务学堂创办 / 131

改良主义办教育 / 132

戊戌变法开展 / 134

张之洞提出中学为体西学为用 / 137

朱红灯起义 / 138

孙中山改组国民党 / 139

黄埔军校建立 / 141

联华影业复兴国片 / 144

清华大学转为大学体制 / 146

国民政府改革文书档案 / 147

实行银本位制废两改元 / 149

紫金山天文台建成 / 150

三联书店合并 / 151

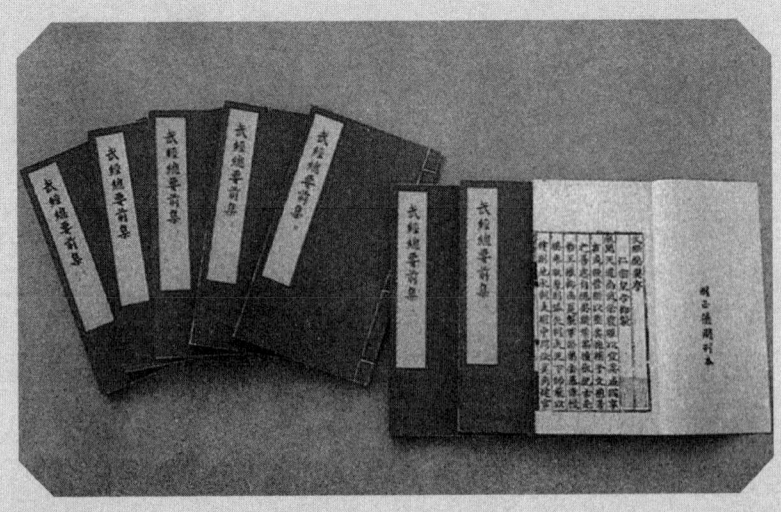

华北最早新石器文化裴李岗文化形成

裴李岗文化于 1977 年在河南新郑县的裴李岗发现，是目前已知的华北地区最早的新石器文化，大约出现于前 5500 ~ 前 4900 之间，主要分布在河南中部地带，以裴李岗出土文物为代表，反映了新石器时代早期中段以后的文化面貌。

裴李岗出土的红陶三足壶

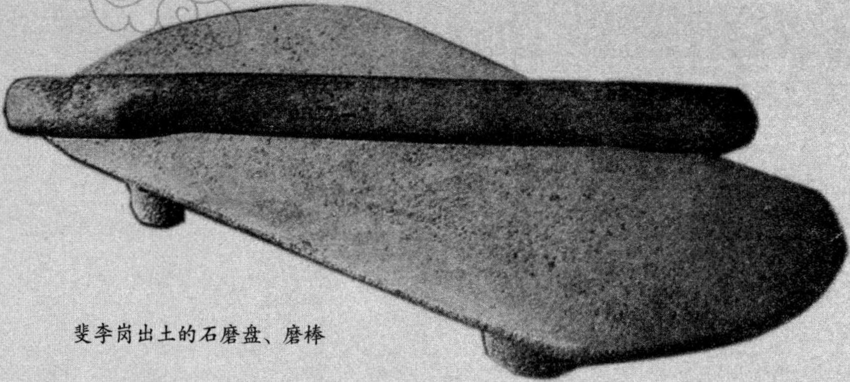

斐李岗出土的石磨盘、磨棒

河南密县莪沟出土的石镰

裴李岗遗址中有房基、窑穴、墓地等村落遗迹，似有一定布局，居住建筑集中在遗址中部，窑穴主要在南部，墓地在西部和西北部。房基为方形或圆形半地穴，直径2.2至2.8米。墓葬集中于公共墓地，墓穴排列有序，多单人葬。磨制石器多于打制石器，最有代表性的器型是带足磨盘、带齿石镰和双弧刃石铲。农业占有主要地位，作物是粟。饲养业也已出现，有家猪、家狗、家鸡甚至家牛。狩猎仍是重要生产活动，以木制弓和骨制箭为狩猎工具。制陶业已经具有一定规模，陶器有红褐色砂质和泥质两种，多碗、钵、鼎、壶等日用器具。陶壁厚薄不匀，据科学测定其烧成温度高达摄氏900～960度。

　　裴李岗文化与华北早期新石器文化其他类型一样存有细石残余，表明它与以河南灵井和陕西沙苑为代表的中石器遗存有着渊源关系。从建筑遗存、埋葬习俗、农业生产，特别是陶器形制、纹饰等方面考察，它与后来的仰韶文化关系更为密切，一般认为，仰韶文化中后冈类型是对裴李岗文化及磁山文化的继承和发展。裴李岗文化与老官台、李家村、磁山诸文化一起是仰韶文化的前身，故被统称为"前仰韶"时期新时期文化。

马家浜人食用粳稻

　　1959年，浙江嘉兴马家浜地区发现一处新石器时代的文化遗址。随后又在江南地区的太湖周围，包括苏南、浙西和上海一带先后发现不少相似的新石器早期遗址，如青浦崧泽遗址、吴县草鞋山遗址、吴兴邱城遗址等，人们把它们合称为马家浜文化，年代约为前4700～前3200。

　　马家浜文化主要特点是：（1）陶器多为红陶。以外红里黑或表红胎黑的泥质陶器为多，普遍采用慢轮修整或轮作，夹砂陶以红褐色为主。器皿花瓣最具特色。（2）使用玉璜、玉玦等装饰品。这类玉器后来成为我国传统装饰品。（3）盛行俯身葬。在马家浜、草鞋山等遗址中发现墓葬200多座，多为单人俯身葬。还有同性合葬墓，反映马家浜文化还处在母系氏族社会。

马家浜文化以农业生产为基础，主要作物是水稻，当时的马家浜人已食用粳稻，在该地区的遗址中都发现了稻谷——粳稻和籼稻。罗家角遗址3、4层出土的粳稻，年代在公元前5000年左右，是目前中国发现的最早的粳稻遗存，在圩墩发现一件残木铲，仅有铲身，两面削成扁平状，刃部较薄。收获用的石刀数量少，制作粗糙。

马家浜人食用粳稻，说明中国栽培稻谷已有七千年以上的历史。中国是世界上栽培水稻最早的地区之一，对世界水稻生产的发展作出了重要的贡献。

 ## 中国开始使用金属进入铜石并用时代

我国史前人类已经开始使用金属。仰韶文化时期就已发明的冶炼技术使我国史前人类在新石器晚期就已步入了铜石并用的时代，为商周时代璀璨辉煌的青铜文明准备了技术条件。

人类利用金属，最早是铜的利用，首先是直接利用自然铜，然后利用单金属矿冶炼红铜，或利用多金属共生矿冶炼出青铜、黄铜、白铜。由于我国从一开始就出现了人工冶炼的黄铜和青铜，没有经过漫长而相对独立的自然铜阶段，因此，我国金属铜的早期冶炼和成型方法是和铜器的利用成正比的。

我国目前所知最早的姜寨铜片是黄铜，1973年在姜寨29号房址的居住面

新石器时代的石器

目前发现的中国最早的铜镜，距今 4000 年左右。

上出土了一个半圆形铜片，经碳十四测定，并经树轮较正，该房碳化木椽年代约为前 4675 年，为我国迄今所见最早的金属块。最早的可辨器形的甘肃林家铜刀则为青铜制品，均属于仰韶文化时代。到了龙山文化时代，最早的容器是河南王城岗容器残片及山东牟平的铜锥，都为青铜制品；山东三里河铜锥和山东长山店子的铜片为黄铜；部分铜刀则多为青铜；唐山大城山两件斧形铜片为红铜。到齐家文化，红铜器具、器械却又多了起来，呈现出利用自然铜和冶炼铜同步发展的情况。

我国新石器时代的金属铜成形技术已有了铸造和锻造两种方法,并不分是红铜还是黄铜等铜合金。小件器物如锥、指环等饰物,一般用锻制,如皇娘娘台遗址中的12件铜锥及铜凿一件,都有锻打的痕迹。大件器物如斧、锄等,多为铸造——制一个陶范或其他模进行浇铸。铸铜或锻铜工具的使用,大大促进了社会生产力的提高。

因为早期铜器筑造的技术比较粗糙,操作相对简单,范多数为单面的或者是两合范,做范的质料有石质、陶质等。

从我国新石器文化遗址出土的原始铜器来看,至迟到龙山文化时期,我国史前人类已经开始使用铜器。史前人类使用金属,也是我国将进入青铜时代的前奏。金属工具逐渐普及,石器工具缓缓退出历史舞台,使人类最终告别石器时代,将文明引入更高的层次。

商王修建二里头宫室宗庙

约前16世纪,商王利用前代建筑遗留下来的基址,在今河南偃师二里头村南修建宫室宗庙。宫室宗庙建在面积约1万平方米的大致正方形的夯土台基上。巨大的夯土台可以起到防潮、卫生、加固的作用,并使宫室显得更加雄伟壮观。夯土台东西长108米,南北宽100米。台基中间建土台,长36米,宽25米。宫室就建在土台上。经过对遗址的考古挖掘和复原工作,大致可以推测二里头宫室宗庙是一组围廊四合、宫室居中的建筑。宫室是一座长30.4米,宽11.4米的四门重屋式殿堂。殿前为广庭,面积达5000平方米,殿堂四周还有一面坡或两面坡式的廊庑。屋顶以纵架结构,即以外檐柱和与外檐柱平行的墙顶为支点架设斜梁或称大叉手屋架,转角处斜架形成角梁。总体结构属面阔 8 间、进深 3 间的平面布局。院内的殿堂基本位于后部院的正中，前部大门也基本位于前院的正中，因院落前后部宽度不同，两座建筑就不在同一轴线上。院墙与院墙，建筑与院墙并不是严格平行，表现出当时建造的随意性。同时也反映出当时的建筑观念只是把个体简单地叠加在一起而形成群体，而没有进行建筑群体的艺术搭配。

二里头宫室宗庙建筑遗址于 1959 年发现，是目前所知中国最早的宫室宗庙建筑，其建筑格式与风格对后世具有较大的影响。

河南偃师二里头宫殿遗址复原大型木构建筑

商代服装上衣下裳

商代手工业颇为发达,已初具规模。特别是纺织业的发展,使商代在体现人类装饰自己的欲望方面迈开了一大步,即实行上衣下裳制。

商代已能生产各种各样的麻丝制品,它的丝织品除有纹绢外,还生产出世界上最早的提花织品绫纹绮。纺织技术的进步,必然使衣着日趋精美,随着生活观念的变化而不断更新。"上衣下裳"制一方面是技术进步的结果,另一方面也反映了社会分层和风俗习尚。

中国古代以"衣"作为各类服饰的统称,分为头衣、体衣、胫衣、足衣、寝衣。在社会生活中,则统称上身所穿为衣,下身所穿为裳。在春秋以前,没有裤子,男女都穿裙,所以当时的裳实际上就是裙。早在夏代,衣和裳就有一定程度的分离,到了商代,成为普遍现象,形成中国古代服饰的两种基本形制之一。夏商周时代的服饰,多为上衣下裳制,如:元端、袴褶、襦裙。元端为国家法定服装,自天子以至庶民皆可穿服,唯天子服之以燕居,诸侯服之以祭宗庙,大夫和士则朝服元端,夕服深衣。元端因其形有端正之意而得名,衣袂皆二尺二寸,衣长也二尺二寸,玄色,正幅不削。袴褶是上身穿褶下身穿袴的一种服式。襦裙指上襦下裙的女服,二者皆于东周以后流行。

我国服饰另一种基本形制为衣裳连属制,出现于春秋战国后,如:深衣、袍服。

车战代替步战成为主要作战方式

车战最早起源于夏代,约在夏末商初,已有小规模的车战。从商代晚期开始,车战逐渐代替步战。已出土的一批战车和车战就是商代晚期的遗物。

商代车马坑

商代两马牵拉战车模型。先秦时期兵车,一般为独辕两轮,从两马牵拉演进为一车四马。

征射手甲骨文。商代征战是每乘战车有一名弓箭手。征三百名,说明已达三百乘。

"三师"甲骨文:"丁酉贞,王作三阜(师),右中左。"说明商代晚期已有左、中、右三师(军)的建制。

在商代晚期的甲骨文中,还出现了最早的"车"字,并出现了有关车战和召集战车射手(登射)的卜问,也证明了这一点。至西周时期,车战就基本上取代了步战,成为主要的、占支配地位的作战方式,从而实现了中国古代战争样式的第一次巨变。

据考古学家推测,商代可能拥有300辆战车。商代和西周时期军事角逐的中心区域是黄河中下游的关中和中原地区,战场都是广阔的平原,特别适合于战车驰骋。《诗经》中有关西周的篇什,凡写到命将出征,都要提备车备马。如《小雅·采薇》:"戎车既驾,四牡业业",反映了车战的兴盛和威力。

商代的战车用木制作,一些部位装有青铜饰件或加固件。其形制是:独辕、两轮、长毂、车厢(舆)呈横宽纵短的长方形,车厢门开在后面,车辕后端压置在车厢与车轴之间，辕前端横置车衡，衡上缚两轭以供驾马。战车大多数驾2马，称为"骈"，也有驾3马的，称为"骖"。只有少数驾4马。车上载3名甲士，按左、中、右排列：左方甲士持弓主射，是一车之首，称"车左"、"甲首"或"射"；右方甲士执长兵器（戈、矛等）主格斗，并负责为战车排除障碍，称"车右"、"戎右"或"参乘"；居中的是控马驭车的御者，只随身佩带刀剑等短兵器。实际作战时，"车左"除弓箭外，也配备长兵器和短兵器；"车右"除长兵器外，也配备短兵器和弓箭，但责任有所侧重。指挥车则将帅居左，卫士居右，车上配备有旗和鼓，以供指挥和联络。每辆战车还附属有一定数量的步兵，战斗时随车跟进。周代为了提高战车的机动性能，将战车车辕逐渐缩短，而轮上辐条的数目则逐渐增多，并在一些关键部位增加了青铜加固件。周代战车普遍已用4匹马驾引，其中间的2匹马叫"服马"，用轭驾在辕两侧，左右的2匹马叫"骖马"，以皮条系在车前，合称曰"驷"。

车战的一般过程是：两军相会，先扎营驻军；以单车犯敌营垒，进行挑战并炫耀武力；列阵作战，两军相合。交战的方式有三种：一是先敌发动进攻，迫击敌阵；二是固守阵形，待敌来攻；三是双方同时发起攻击。与此相应，进攻的方式也有两种：一是快速进击，所谓"疾进师，车驰卒奔"（《左传·宣公十二年》）；二是保持阵形，徐缓推进，"虽交兵致刃，徒不驱，车不驰"（《司马法·天子之义》）。进攻的速度和节奏由将帅以鼓点控制。进入战斗，接近敌军时，车上甲士先以弓箭进行正面射击；继而当敌我双方的战车相交错时，才以长兵器进行格斗；最后直至车毁马毙，甲士们便弃车肉搏。战斗持续时间很短，一般几个时辰，最多一天结束。基本不进行夜战，少数白天未分胜负的战斗，则夜间休战，次日再战。

早期车战战术非常呆板，一般要待双方都列好阵形后，才以击鼓为号，发起攻击。所谓"成列而鼓，是以明其信也。"（《司马法·仁本》）体现了早期战争重信轻诈的显著特点。但商代车阵已出现右、中、左的配置。商代晚期军队建制中右师、中师、左师概念的出现，反映了当时已经具有中军和两翼相配合的意识，较之单一的方阵是很大的进步。

周武王封邦建国

武王四年（前1066），周王朝正式建立。

牧野之战后，武王进入商都，分商的畿内为邶、鄘、卫三国，以邶封纣子禄父（即武庚），鄘、卫则由武王之弟管叔鲜、蔡叔度分别管理，合称三监（一说管叔监卫、蔡叔监鄘、霍叔监邶，以监视武庚）。随后派兵征伐尚未臣服的商朝诸侯，据记载征服者有99国，臣服652国。

克商后，武王还师西归，在他新迁的都邑镐京（即宗周，今陕西长安西北沣水东）举行盛大典礼，正式宣告周朝的建立。

西周都城遗址

周王朝建立后,所面临的政治形势相当严峻,武王以"小邦"之君统治如此大的区域,担心诸侯叛乱。为了巩固政权,适应新形势的需要,武王决定按功行赏,调整统治集团的内部关系,实行以周王室为中心的分封政治制度。先后受封的功臣昆弟主要有:姜太公、周公旦、召公奭等。

周朝分封诸侯

西周分封诸侯,在武王时即已开始,但大规模分封是在成王及其子康王(名钊)的时期。据传周初所封有七十一国,其中与周王同为姬姓的占四十国。

康侯爵。康侯始封于康。

王季之兄太伯、仲雍的后人封于吴（今苏州），文王之弟虢仲、虢叔分别封于东虢（今荥阳东北）、西虢（今宝鸡东）；文王之子分别封于管（今郑州，早灭）、蔡（今上蔡西南）、郕（今汶上西北）、霍（今霍县西南）、卫（今淇县）、毛（今地未详）、聃（今荆门东南）、郜（今成武东南）、雍（今修武西）、曹（今定陶西）、滕（今滕县西南）、毕（今咸阳西北）、原（今济源西北）、酆（今长安西北）、郇（今临猗西南）；武王之子分别封于邘、晋（始封在今翼城西）、应（今平顶山）、韩（今河津东北）；周公之子分别封于鲁（今曲阜）、凡（今辉县西南）、蒋（今固始西北）、邢（今邢台）、茅（今金乡西北）、胙（今延津北）、祭（今郑州东北）；召公之子则就封于燕（今北京）。此外，还有许多异姓诸侯国，如姜姓之齐（今临淄北）、子姓之宋等等。

西周分封，是以宗法血缘关系为纽带，以周王室为中心的分封政治制度，从而建立起了周天子统辖下的地方行政系统。

周初所封诸侯，均由中央控制。成王之时，周公、召公是朝中最重要的大臣。自陕以西诸侯由召公管理，以东诸侯由周公管理（周公死于成王在位时，召公则活到康王的时代）。康王之世，周曾命诸侯对边远方国进行战争。成康时期，周朝最为强盛。

西周新型土地制度井田制普及

井田制是由原始氏族公社土地公有制发展演变而来的一种土地制度，据《孟子》等古代文献记载，它存在于西周以前的一个相当长的历史时期，但直到西周才臻于完善，这一制度因耕地划作井字形块状而得名，其特点是实际耕作者对土地无所有权，而只有使用权。

甲骨文中田字作等形，被认为是井形块状耕地的证据，可见井田制的

西周时代的汲水具

久远。西周时,每长、宽各一里(周里)的土地称一井,每井计有土地900亩,8家农户耕种其间,中间百亩为公田,8家合种其中一部分为公用菜地、住宅地等。其余800亩每户各分种100亩,这就是《孟子》中所载的八家共井说。而《周礼》则以九夫为井,方一里为一井,方十里为"成",即百井;方百里为"同",即一万井;构成井田体系。因而井田制大致可分为两个系统:八家为井而有公田与九夫为井而无公田。

在井田制下,凡遇须休耕轮种的土地,或土地质量相差悬殊,可据情调整各农户土地分配数额,甚至有时土地在一定范围内实行定期平均分配。成年农民,按一夫百亩的标准受田,至老死归田,对土地只有使用权,因此田地不能买卖。

井田制下劳动者的经济负担除田地税以外,还有赋。田地税不仅要缴纳地产实物,还要向领主以耕种公田的形式提供劳役地租。赋是军赋,军队的装备连同士兵的服役合在一起的统称,它既有一部分以劳役支付,又有一部分以实物支付,因此井田制下受田的夫,也就是战争服兵役的丁壮,作战所用的器械、粮食、草料、牲畜,也由国家按井数来规定。

由于对夏、商、周三代的社会性质认识各异,因而对井田制所属性质的认识也不相同,有的认为是奴隶制度下的土地国有制,有的认为是封建制度下的土地领主制等,虽众说纷纭,但在承认井田组织内部具有公有向私有过渡的特征,其存在是以土地一定程度上的公有作为前提这一点上则认识基本一致。

西周中期,土地在长期占有的情况下很容易转化为个人私有,贵族之间已出现土地交易现象,土地的个人私有制至少在贵族之间已经出现。春秋时期,晋国的"作爰田",鲁国的"初税亩"等,也都是在事实上承认土地个人私有制普遍存在的情况下进行的改革,说明井田制逐渐趋于瓦解,前350年商鞅变法,废井田,标志井田制的崩溃。但是这种均分共耕之法对后世的影响却极为深远。

吴国改造铜矛

由商代的阔叶铜矛演变为战国的窄叶铜矛是中国兵器发展的重要一环，矛头的窄瘦锐利大大提高了矛的杀伤力，使其效力倍增。战国定型的窄叶铜矛在西汉改为同钢铁制造，并发展出槊、枪等变体，成为中国冷兵器时代最主要的单兵格斗武器。

晋悼公立·晋复强

晋厉公多姬妾，鄢陵（今河南鄢陵西北）之战后，欲尽去诸大夫而立诸姬妾兄弟。周简王十三年（前573），厉公游于匠骊氏晋大夫，栾书、中行偃率其党捕厉公，囚杀之。并至周迎公子周。公子周至绛，夺鸡与大夫盟而立之，是为晋悼公。

晋悼公继位后，立志复兴晋国。他任命百官，赐舍并免除百姓对国君的积见，起用被废黜和长居下位的贤良，救济贫困，援助灾难，禁止邪恶，少征赋税，宽恕罪过，节约器用，照顾农村，周简王十六年（前570）晋悼公会合诸侯。晋悼公问群臣中谁可提拔重用，祁奚推荐自己的仇人解狐。但解狐恰好于此时去世，祁奚又推荐儿子祁午。晋悼公便任命祁午做中军尉，果然很称职。君子们听说这件事，都盛赞祁奚外举不避仇，内举不避亲。同年，晋悼公的弟弟杨干在鸡泽之会时不守纪律，扰乱军政的行列。魏绛执法无私，杀其御者以为惩戒。悼公愤怒，说我以会合诸侯为荣，现在你却侮辱我弟弟！

智君子鉴铭文。鉴为晋国智氏家族遗物。

要杀魏绛。经人劝谏，悼公没杀魏绛，反而提升他为新军副帅。周灵王三年（前569），晋国北部的山戎无终部落的君长嘉文遣使至晋，以求和好。悼公最初不愿应允，经魏绛向悼公陈述和戎之利后，悼公乃派魏绛与戎族诸部落盟誓和好。晋国和戎之后，得以腾出力量与楚争霸，终使郑国降服。周灵王十年（前562），郑国与晋结盟，献与晋国百辆兵乘和大批乐器、乐师。晋悼公追念魏绛和戎之功，便将郑国所献乐队之半奖之。由于晋悼公注意选拔贤能之人，使晋国很快强盛，恢复霸业。周灵王四年（前568）晋悼公率鲁、宋、郑、卫等12国诸侯及齐太子光，与吴王寿梦会盟于戚（今河南濮阳北），商议如何御楚。周灵王七年（前565），晋悼公召集鲁、郑、齐、宋、卫、邾等国在邢丘（今河南温县东）相会，晋国提出朝聘的财礼数字，让诸侯国大夫听命。郑简公亲自听命，并且在会上奉献伐蔡所得俘虏。至此，晋国可说是恢复晋文公霸业，威震诸侯。

子产当政开始改革

周灵王十八年（前554），郑相子也因长期专权而被郑简公诛杀，子产由是被立为卿，任少正。子产为人清正廉洁，光明磊落，深为国人敬重。周景王二年（前543），在郑国当朝显贵子皮等人支持下，子产开始当政，子产一当政，即以自己的原则进行改革。他让城乡有所别，上下等卑各司其职，土田以界区分。推行严刑峻法的"猛政"，创立重利的"血赋"等新制；任能用贤，注意经济建设。执政三年。

子产治国十分讲究策略。既要达到目的，又不犯众怒。周景王三年（前542），然明建议毁掉乡校，认为郑人聚集在乡校议论得失会影响政府的威信，子产不同意，他说："他们认为好的我就推行；他们认为不好的我就改正。这无异于我的教师。为什么要毁掉呢？"乡校因此得到保存。同年，子皮想让尹你为家邑之任。子产认为尹你太年轻，难当此重任。子皮说，尹你很谨慎柔顺，不会背叛我，他虽年轻，但在邑任上学习一下就懂得如何处理了。子产不赞同。说："我听说学习以后才做官，没有听说将做官当成学习的。譬如打猎，只有熟习射箭驾车，才能获得猎物，如果过去没有登车射过箭，没有驾过车，那么他一心害怕翻车压人，哪里能获得猎物？"子皮被他说得心服口服，改变了初衷。在外交中，子产也不卑不亢，以理服人。

周景王三年（前542）六月郑简公到晋国聘问，子产为辅相。晋平公因为鲁国丧事而没有接见他们。子产派人拆了宾馆的围墙，以放车马。士对此深为不满，说："由于我们治理不好，盗贼多有，所以才修建围墙以保客人的安全，你怎么竟将围墙拆了？"子产回答说："我说晋文公做盟主时，宫室低小，没有可供观赏的台榭，但却把接待诸侯的的宾馆造得又高又大，好像现在君主的寝宫一样，对宾馆内的库房马厩也多修缮。文公不让进见的宾客耽搁，和宾客忧乐相通，宾至如归，什么也不用担心，现在晋国铜（今山西沁县南）的离宫上延数里，而来访的诸侯住在类似奴隶居住的房子里，门口进不去车子，而又不能翻墙而入。如果不拆墙而入，怎样进奉财礼？虽然君主遭到鲁国丧事，但这同样是敝邑的忧虑。如果能够奉上财礼，我们愿把墙修好再走。这是君主的恩惠，岂敢害怕辛劳？"士复命，赵文子认为情况确实如子产所说。晋国实在是德行有亏，把容纳奴隶的住处去接待诸侯，这是晋国的罪过。于是派士前去向郑国群臣致歉。晋平公很快就接见了郑简公，并且礼仪有加，宴会隆重，馈赠丰厚，然后送他们回去。其后，又重新建造接待诸侯的宾馆。

子产是一个务实的、精明的政治家，他执政三年，郑国法纪严明，国人各得其所，国家逐渐富强。郑人甚至还歌颂道："我有子弟，子产教育；我有田土，子产栽培。子产若死，谁来继承？"子产还是一位伟大的思想家，他首铸刑书，首颁成文法典，第一次明确提出天道与人道各不相同、互不相关的天人相分思想，产生了深远影响。

赵烈侯开始改革

周威烈王二十四年（前402），赵相国公仲连试图革新赵国政治。

赵烈侯爱好音乐，对郑国歌唱家枪、石两人十分欣赏。赵烈侯问公仲连，若有喜爱的人是否可以使他尊贵。公仲连说不能，只能让他富裕。赵烈侯打算赏赐枪、石二人田各一万亩。公仲连口头应诺，但迟迟不兑现，其后，赵烈侯问及此事，公仲连便称病不朝。此时，番吾君向公仲连推荐牛畜、荀欣、徐越三人，公仲连又把这三个人推荐给烈侯。牛畜建议烈侯行仁义，荀欣则建议选贤任能，徐越建议烈侯节财敛用，察度功德。烈侯采纳了他们的建议，宣布给歌者赏田的决定作罢，同时任用牛畜为师，负责教化；荀欣为中尉，负责指挥作战和选拔官吏长官；徐越为内史，负责征收田租和考核臣下政绩。

从用人开始，赵烈侯进行了一系列改革，赵国逐渐出现了繁荣景象。

在这个时候，整个战国时代均进入改革，这与春秋时个人的具体摸索不同，而是综合国力的全面改革。赵烈侯改革是继魏文侯改革之后改革的先驱。

秦献公改革秦政

周安王十五年（前387），秦惠公卒，子出子即位。出子年幼，秦国政权实际上掌握于其母亲小主夫人和宦官之手，政治黑暗，秦国内部开始骚动。此时，出奔在魏的公子连（师隰），想重新返回秦国，夺取政权，国内反对小主夫人的新兴势力也期待他回国。他几经周折，从焉氏塞（即乌氏塞，今宁夏固原东南）入境，在秦庶长菌改策划下，将他接回秦国。小主夫人闻讯，发兵讨伐。但秦国军民反对秦出子母子，在进军途中，吏卒倒戈转而拥护公子连。公子连在军队拥护下回到秦都城雍（今陕西凤翔西南）。小主夫人见众叛亲离，在一片绝望声中自杀，秦出子也被杀，公子连取得君位，是为秦献公。

秦献公即位之初就命令废止已相沿数百年之久的人殉制度。周烈王元年（前375），秦献公将秦国人户按5家为一伍的单位编制起来，称为"户籍相伍"。这一制度与宗族制不同，大大削弱了人与人的宗法依附关系，促进了生产发展。秦虽非首先实行户籍制度，但秦的户籍制却最严格、最规范，今天我们的户籍制就是这一制度的延续。

秦献公即位后的第二年，命令修筑栎阳（今陕西富平东南）城，并迁都于此。栎阳距魏很近，因为此时河西地区尚为魏所拥有。秦献公迁都于栎阳，主要是从军事需要考虑的，并反映了恢复河西地区的决心。另外栎阳"东通三晋，亦多大贾"，是商业贸易繁盛，往来要冲之地。献公迁都于此，显然对于秦国摆脱闭塞状态是有利的。秦献公还集中推广县制。秦国早在春秋时期就在边远地区设置带有军事性质的县，战国初期又不断增置，如周定王十三年（前456）设频阳县（今陕西富平东北）、周安王十三年（前389）在陕（今河南三门峡西）设县。秦献公使县制更为普及，周安王二十三年（前379），秦献公把蒲、蓝田、善明氏等改建为县，周烈王二年（前374），秦献公又在栎阳设县。郡县制后来成为我国地方行政制度的核心。

由于秦献公采取了一系列的措施，所以秦的国力上升，使秦国在同三晋的斗争中由败转胜。周显王三年（前366），秦国出兵向韩魏联军进攻，大败韩魏联军于洛阳，取得首次重大胜利。可以说秦献公是秦国发展史上一位有贡献的杰出人物。

 ## 商鞅变法

商鞅深得孝公赏识。于周显王十年（前359），说秦孝公变法。孝公赞成，但恐天下非议。商鞅认为疑则无功，有高行者必见非于世，成大功者不谋于众。甘龙、杜挚以为法古无过，循礼无邪，变法不便。商鞅反驳道：治理社会的方法很多，只要于国家有利，不一定效法古人。所以汤、武不泥古而称王，夏、殷固步自封而灭亡，违背古者无可厚非，而拘泥古者不能太多。孝公深服，遂于周显王十三年任命商鞅为左庶长，开始进行变法。

商鞅针对过去贵族"有罪可以得免，无功可以得尊显"的旧制，规定国君的亲属（宗室）无军功者不得列入宗室属籍，从而废除了世卿世禄制度。凡人民立军功者，均按功劳大小赏赐封爵。凡在战争中杀敌甲士一人、并取得其首级者，赐爵一级、田一顷、宅九亩；得一甲首者，若为官者可当五十

商鞅方升。量器。斗为长方形,直壁,后有长方形柄。方升外侧有铭文三十二字,记秦孝公十八年(前344),齐国率领卿大夫来秦访问,是年冬,大良造鞅乃积算以十六寸五分之一寸为一升。

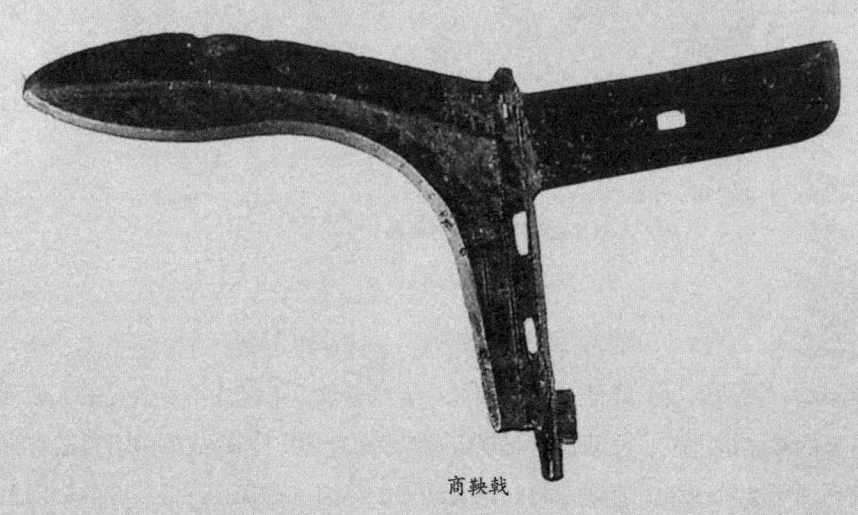

商鞅戟

商鞅方升铭文。升的底部刻有秦始皇二十六年统一全国度量的诏书四十字。从方升铭文记载可知此为商鞅统一秦国度量所规定的一升容积的标准量具,说明秦始皇是以商鞅之制作为统一全国度量制度的标准。

石俸禄之官,得二甲首者可为百石之官;斩敌一甲首者,可以使一人(或一家)为自己的农奴,除庶子一人。得敌五甲首者,可以使用奴隶五家。商鞅对秦的爵制也进行了改革,重新规定秦爵为二十级,凡在战争中斩得敌首一个,即可赏爵一级,要做官的可以赐给五十石俸禄的官。斩得敌首两个以上者可以类推。于是,提升官爵就和立军功紧密结合,无军功者,虽富也不能尊荣。商鞅还在秦国进一步实行户籍制和连坐法。早在秦献公时,秦国就用军事组织形式将人民编制起来,并登记在户籍上。但这个制度贯彻得不彻底,又因旧贵族反对而遭到破坏。商鞅公布的"令民为什伍"的法令比秦献公时更为严密,规定:凡境内居民,无论男女老少都要进行户籍登记,以五家为"伍",十家为"什","伍"、"什"之间要互相监督,如果其中一家犯法,邻家不去官府告发,则十家同罪连坐;不检举告发奸人的,处以腰斩;告发者可与斩得敌首者同样奖赏;如果隐匿坏人而不去告发,那么就要受到同"奸人"一样的处罚;留宿客舍者均须有官府的凭证,如果旅店收留没有官府凭证的人住宿,店主当与客人同罪连坐。商鞅还主张对轻罪用重刑,认为这样可以迫使人民连轻罪也不敢犯,这叫"以刑去刑"。他还采用了很多残酷的刑罚,如死刑除腰斩、枭首、车裂等外,又增加了凿颠、抽肋、镬烹等刑罚。秦国地广人稀,荒地较多。为促进农业生产的发展,商鞅还规定了奖励耕织、垦荒的法令,规定:凡努力从事农业生产,能使粮食和布帛增加产量者,可以免除本人的劳役和赋税;凡不安心务农而从事工商业或游手好闲而贫穷者,要全家没入官府罚做官奴。此外,商鞅还招引韩、赵、魏的无地农民到秦国来垦荒,分给他们土地和住宅,免除其兵役和三世的劳役。使之安心务农,为秦国生产粮食。商鞅还鼓励个体小农经济的发展,规定凡一家有两个儿子以上者,儿子到了成年人年龄时必须分家,各自独立门户,否则要出双倍的赋税。为了顺利推行变法,打击儒家等复古思想,他断然采取"燔《诗》、《书》而明法令"的措施,把《诗》、《书》等文献焚毁。同时下令禁止私门请托,禁止游说求官的行动。

  此法初行,秦民苦不堪言。三年后,百姓感觉生活方便。行十年,秦民大悦,道不拾遗,山无盗贼,家给人足,人民勇于公战,怯于私斗,乡邑大治,孝公十二年(前350),在咸阳(在今陕西咸阳市东北)筑冀阙,徙都咸阳。商鞅革除游牧民族遗风,严禁民父子兄弟同室而居,归并小乡邑为四十一县,置令、丞,废井田,开阡陌疆界,定赋税法。统一斗、桶、权、衡、丈、尺规格。五年后,变法见效秦富强,天子致胙,诸侯来贺商鞅变法,为秦国最终统一六国奠定了基础。

赵武灵王胡服骑射

赵武灵王雄才大略，即位之后，勤于国政，思光大先王功业，但赵国西有强秦，南有魏、韩，东有劲齐，难以发展；而东北的东胡、北面的匈奴、西北的林胡、楼烦等游牧部族，又经常以骑兵侵扰赵国，破坏边地农业生产和人民生活，迫近赵国腹心地区的中山国也曾倚恃齐国，侵夺赵国领土。赵武灵王决定趁中原地区各国互相攻伐之机，向中山国及北部游牧部族地区展开进攻，拓展领土。周赧王八年（前307），赵武灵王率军攻取中山国的房子（今河北高邑西南）之后，向北打到无穷之门（今河北张北），又折而向西到达黄河边，考察了赵国北面的游牧部族地区，对日后向北拓展领土的作战区域及有关情况作了详细的了解。赵武灵王发现，中原地区普遍使用的车战，在北方山地和丘陵地区并不适用，胡人骑马射箭的作战技术则显示出特有的长处，胡人穿短衣、束皮带、用带钩、穿皮靴的装束，又很利于骑马作战，于是他决定进行军事改革，学习胡人骑射战术以及与之相适应的短衣装束。

为推行这项改革，他首先请来大臣楼缓商议，向他分析了赵国的周边形势，认为赵国若没有强大的兵力自救，就有亡国的危险，因此必须学习胡人骑射技术，推行胡服，以增强赵国的军事力量。楼缓表示赞成。但其他大臣们知道后都极力反对。赵武灵王向大臣肥义表述了自己继承先王赵简子、赵襄子抗击胡人、翟人的功业，向中山国及北方开拓领土的志向，说明穿胡服是为了掌握骑射技术，提高赵国战斗力，削弱敌人优势，如此则可事半功倍，不耗尽民力而能光大先王勋业。他对群臣、百姓囿于世俗，不了解自己意图而妄加议论感到忧虑。肥义认为，愚昧的人看到事情做成后才明白，聪明的人却能在事先就看清楚，因此讲究最高德行的人，不必理会世俗之见；成就

战国铜武士俑。整个造型比例适度，发达的胸肌、鼓凸的肌腱，显示了强健的体型。

大功业的人，岂能与凡人商议。从前尧为了取得成功，曾在苗人中舞蹈；禹为了取得成功，曾在裸国中脱去衣服。俗语说"做事犹豫就不会成功，行动犹豫就不能成名"。他希望赵武灵王坚定决心，不必顾虑世人议论，不要犹豫不决。赵武灵王得到肥义支持，遂坚决在赵国倡行胡服，带头穿上胡人服装，又说服叔父公子成身穿胡服上朝，对封建贵族赵文等人的反对意见严词驳斥，下令在全国推行胡服，并招募士兵进行骑射训练。

赵武灵王的改革很快收到了效果。周赧王九年（前306），赵北攻至中山之宁葭（即曼葭，今河北石家庄西北）；西略林胡（少数民族部落，分布于今陕西东北部和内蒙地区）之地至榆中（今内蒙古伊克昭盟东部），迫使林胡献马求和。次年，赵再取中山之丹丘（今河北曲阳西北）、华阳（今河北唐县西北）、鸱之塞（又作鸿上塞，今河北涞源南）、鄗（今河北高邑东南）、石邑（今石家庄西南）、封龙（今石家庄西南）、东垣（今石家庄东北），迫使中山国献四邑始罢兵。中山经此重创，不久灭亡了。胡服骑射不仅拓展了赵的疆土、壮大了赵的实力，而且使赵国继晋之后与燕国同为北方民族融合的中心，也为中原的生活方式带来了新的因素。

秦始皇开创帝制

秦始皇二十六年（前221），秦消灭六国，统一全国，嬴政更改名号，称始皇帝，开创了帝制。

嬴政认为自己德迈三皇，功过五帝，继续称"王"不足以称成功，于是命令臣下议帝号。丞相王绾，御史大夫冯劫、廷尉李斯等人认为："古有天皇，

秦阳陵虎符

秦陶量。秦代度量衡器。

有地皇,有泰皇,泰皇最贵。"因而尊称嬴政为"泰皇"。嬴政不满,于是把"泰"字去掉,取"皇",采用上古时"帝"位号,称"皇帝"。又下令取消谥法,自称"始皇帝",后世依次为"二世、三世至于万世,传至无穷";皇帝自称"朕",大印称"玺",命称为"制",令称为"诏"。

始皇二十六年(前221),丞相王绾请封诸皇子为燕、齐、楚王,得到群臣的赞同。廷尉李斯力排众议,主张废除分封制,全面推行郡县制度。秦始皇接受了李斯的建议,把全国分成三十六郡,以后又陆续增设至四十余郡。中央集权的制度从此确立。

秦始皇以战国时期秦国官制为基础,建成一套适应统一国家需要的新的政府机构,即三公九卿制及郡县制。在这个机构中,中央设丞相、太尉、御史大夫。丞相有左右二员,掌政事。太尉掌军事,不常置。御史大夫是丞相的副贰,掌图籍秘书,监察百官。丞相、太尉、御史大夫以下,是分掌具体政务的诸卿。

地方行政机构分郡、县两级。郡设守、尉、监（监御史）。郡守为郡长官。郡尉辅佐郡守，主管兵事。郡监司监察。县，万户以上者设令，万户以下者设长。县令、长领有丞、尉及其他属员。郡、县主要官吏由中央任免。县以下有乡，

秦两诏文空心铜权

乡设三老掌教化，设啬夫掌诉讼和赋税，设游徼掌治安。乡下有里，是最基层的行政单位。里有里典（后代称里正、里魁），以"豪帅"即强有力者为之。此外，还有司治安、禁盗贼的专门机构，叫做亭，亭有长。两亭之间，相距大约十里。

早在秦献公十年（前375），秦国就建立了以"告奸"为目的的"户籍相伍"制度。秦王政统治时期，户籍制度趋于完备。始皇三十一年更"使黔首自实田"，即令百姓自己申报土地。土地载于户籍，使国家征发租税有了主要依据。

秦始皇统一六国以后，以秦律为基础，参照六国律，制定了全境通行的法律。秦律经过汉朝的损益，成为唐以前历代法律的蓝本。

秦统一了度量衡。前221年，秦始皇颁布"一法度衡石丈尺"诏书应录，规定依秦制划一全国度量衡标准，度量衡器由官府遵诏书负责监制，民间不得私造。凡制造度量衡器，皆需铸刻诏书全义。结束了战国以来度量衡制不一的局面。同时，诏书规定了田亩制度，也结束了田畴异亩的现象。

秦下令废除秦以外通行的六国刀、布、钱及郢爰等。秦制定币制，统一货币，以黄金为上币，以镒为单位，重20两，铜币为下币，重半两，规定珠、玉、龟、贝、银、锡等物只作器饰珍藏，不能充作货币。金、铜货币成为行通全国的法定铸币。

秦始皇还采用了战国时期阴阳家的终始五德说，以辩护秦朝的法统。秦得水德，水德尚黑，所以秦的礼服旌旗等都用黑色；与水德相应的数是六，所以符传长度、法冠高度各为六寸，车轨宽六尺，与水德相应，历法以亥月即十月为岁首，等等。秦设立了中国文明的帝制典范。讲中国历史，绝不能不讲秦，秦的制度决定了汉（甚至魏晋）的文明形式。

秦确实是个暴政王朝，它给当时的人民带来了巨大的苦难，但在文明的发展上，秦作出的贡献比它带来的灾难要多。秦在政治和社会上是战国文明绝对化的阶段。汉代，甚至我们今天所使用的文明形式很多来自秦代。

秦的行政制度是中国历史上最大的进步之一，郡县制和废除分封、消灭六国贵族和大工商业主有相当的进步意义。秦的帝国体制是中国社会结构的一大进步，中国文明从此进入了先进的文官制时代，这个时代到现在还未结束。

秦的官营手工业是将工商业专制化，但也是将它工程化，秦汉文明在经济上的高度发达（在当时世界上首屈一指）很大程度上归功于它。

秦的书同文、车同轨、行同伦、统一度量衡不只是专制，更是文明的绝对化，这些文明形式统一于一个形式之中。

这一点在文字上更明显，秦统一六国文字不是个简单的一致化，也是一个升华：小篆是一个古典典范。实际上，在秦代，隶化倾向已经出现，各国手写体也互相靠拢。但秦的官方文字，特别是作为标本颁出的文字小篆在形式上达到一种高度的形式化，它的平直圆的字体和匀称的结构在今天也很少能有人写得好。它如同一切古典典范一样，在形式上达到了绝对化，从而与一般实用的字体区别开来。在今天，小篆也是用作表示官方、法定意义的古典主义字体。

秦的艺术具有中国文明古典典型的特征。它的宫室（例如阿房宫）、陵墓已不可见，长城则在今天也还被作为中国的象征，这是雄浑品格的见证，它表现了这一时期艺术形式的绝对性和力量的宏大性。

至于当代才发现的秦始皇陵的兵马俑则是战国艺术的绝对化。它应该代表了战国雕塑艺术的最高水平。

秦的制度为汉初所继承。它的政治结构奠定了帝国体制的基础，它的三公、列卿、考课、监察制度在战国时代的小国政治中是不可想象的。它的法律素称严酷，但若一条条考察起来，并不十分不合理，只是惩罚过于严重。它和秦的政治制度一样，不管内容如何，在形式上都是中国法制的代表。

因此总的看来，秦在政治和社会上都将战国文明升华到了一个充分展开的形式化高度。在帝国体制中，各种文明形式得到丰满的表现，并内化于制度中。秦的博士制即使不太成功，也体现了秦人将文化固定化、全民化的努力。

汉文帝除肉刑·改革刑制

战国以后，奴隶制逐步瓦解，封建制开始确立。随着劳役刑制度与赎刑制度的出现与发展，以肉刑、死刑为核心的奴隶制的刑罚体系开始瓦解，以劳役刑为核心的封建制刑罚体系已逐渐发展成熟。中国古代的刑罚制度开始呈现文明化的发展趋向，这是汉文帝除肉刑、改革刑制的历史前提。

秦王朝的刑罚制度，不但种类繁多，结构庞杂，而且以野蛮、残酷著称。汉初为顺应民心，曾下令蠲除秦之苛法严刑。但在汉政权确立之后，为强化统治，又完全采用了秦的刑罚制度。

汉文帝即位后，由于经济发展，社会安定，人民生活也较富裕，犯罪行为减少，官吏执法清明，为改革刑制创造了一个较好的社会环境。

西汉馆陶家边鼎。馆陶指汉文帝女馆陶长公主。

西汉熊足鼎。饪食器，有盖。敛口，鼓腹，双附耳，圜底，下有三熊足。熊作张口蹲立状，全身满刻细密鬃毛纹。

汉铜兵马阵。"兵马"代表军队。

  文帝十三年（前167），齐太仓令淳于公犯罪当处肉刑，他的小女儿缇萦上书给汉文帝，指出当时的刑制断绝了罪人改过自新之路。文帝见书，深有感悟，下令要求御史制定一套新的刑罚制度以替代肉刑。丞相张苍、御史大夫冯敬根据文帝旨意，提出了一套改革刑制的初步方案，以完城旦舂代替髡刑，以髡钳城旦舂代替黥刑，以笞三百代劓刑，以笞五百代斩左趾，而将斩右趾加重为弃市，从而基本上废除了奴隶制下实行了2000多年的惨无人道的肉刑制度。

  这一改革，虽然废止了肉刑，但又出现新的问题。斩右趾改为死刑，对犯人来说是加重了刑罚。以笞刑代替斩左趾和劓，但笞数太多，使罪人饱受榜掠，笞未尽而命已丧。这与文帝改革刑制的初衷也是相违背的。这些缺陷的存在促使后来景帝进一步改革刑制。

  另外，汉文帝改革刑制时，也同时废止了宫刑。

  肉刑是一种残害人的肢体，使人终身致残的酷刑，是奴隶制残余在刑罚制度上的反映。汉文帝能够顺应历史发展的需要，废除肉刑，代之以徒、笞、死刑,使刑罚手段由野蛮残酷变得较为人道,具有进步意义,为中国古代刑罚制度由奴隶制的五刑向封建制的五刑过渡奠定了基础,是中国古代刑罚制度文明化的重要标志。

汉文帝的以废除肉刑为中心的刑制改革,以及后来景帝的进一步革新,使汉代的刑罚制度发生了很大变化。这一时期的刑罚制度正处于由奴隶制五刑向封建制五刑的过渡阶段,从体系上讲,比较繁杂;从结构上讲,也比较混乱,不尽科学、合理。但就刑罚的种类而言,总的趋势是在逐渐向较为轻和简的方向发展。

汉代最重的刑罚是死刑,有"弃市"、"腰斩"、"枭首"三种。秦代的各种处死犯人的酷刑已基本废除。文帝以及后来景帝的刑制改革,一方面废除了肉刑,另一方面也使徒刑规范化了。汉代的笞刑可以说是徒刑的附加刑,但从刑等上说重于徒刑。此外,汉代的刑罚还有徒边、禁锢、罚金、赎刑等。

汉武帝重编京师诸军·改革中央军队

建元二年(前139)开始,经过几十年的时间,汉武帝改革了中央军队。在中国军事文明发展史中,秦汉军事文明处于一个继往开来的转折时期,不仅高度重视封建国家的国防与国防战略,初步形成了冷兵器时代的基本战争形态,而且形成了与中央集权制度相适应的一整套军事制度,使中华军事文明经历了先秦发展时期后,进入了成熟期。

汉朝沿袭秦朝以皇帝为中心的军队统御制度,军权高度集中,军队体制表现为内外力量分布均衡的特色。

汉朝时期的军队主要由中央统辖的军队、郡县王国的地方军队和边防部队组成。其中中央统辖的军队包括京师诸军和战略要地的屯兵,而真正由中央统辖的军队为京师诸军。京师诸军在西汉中期以前根据任务不同而分为三部分：皇帝近身侍卫部队由郎官组成，负责宫中殿内警卫，由郎中令统领；皇帝禁卫部队由卫士组成，负责保卫未央、长乐两宫，归卫尉指挥，因其居住在京城南边，也称南军；京师警卫部队担任除宫城以外整个京师地区的警卫任务，由中尉统御，因其多驻扎在京城北边，又称北军。南北军训练有素，强化了京师治安，又因隶属系统各异，避免了其合兵反叛，南北军制度是秦汉军制的一大特点。

汉武帝为了确保京师地区的政局稳定，在南北军制度的基础上，重新整编了京师诸军。

首先，缩小南军编制，扩大近身侍卫部队。设立期门军和建章营骑（后称羽林骑），分别归期门仆射和羽林令丞统领，还把阵亡军吏的后代吸收到羽林骑中，严格训练，传授技艺，称为羽林孤儿。期门、羽林两支部队的人员都是经过严格选拔、技艺高超的职业军官，为此，皇帝近身侍卫力量得到增强。当郎、期门郎或羽林郎被确认为效忠皇帝和可以委以重任的人材后，即被任命为将率军作战，而汉武帝又可以通过他们来加强对军队的统治。

其次，调整京师警备力量，削弱中尉过重的权力。解除中尉兼管三辅地区地方军事的权力，向北军派遣了监北军使者，控制北军调发权，还将中垒校尉官秩增至二千石，与中尉平等。

最后，设置七校尉军，加强京师驻军力量。七校尉军的人员勇敢精锐，常驻京师，战时则奉命出征，比由正卒组成的北军更富有战斗力，是一支职业军队。它由屯骑校尉、步兵校尉、越骑校尉、长水校尉、胡骑校尉、虎贲校尉、射声校尉组成，加上中垒校尉，合称八校尉，位比九卿，直接向皇帝负责。

汉武帝经过重编京师诸军，使之形成了由职业军士组成的七校尉军与由正卒组成的南北军并存的新局面，两种军队是皇帝赖以制止叛乱、应付突发事变的快速反应力量，同时，由于兵员来源不同，使两支军队相互制肘，避免威胁皇帝统治。它们共同组成威慑地方的中央军队，进一步加强了中央集权的统治。

汉武帝改革官制加强中央集权制度

以雄才大略著称于世的汉武帝即位以后,由于不满于丞相专权,致力于官制的改革,逐步建立起以皇帝制度为核心,以中央丞相制度、地方郡县制度为基础的中央集权制度。

汉武帝首先推广察举制度,以贤良、文学等名义广泛招揽人才,原统属于郎中令的诸大夫和许多文学名士先后被征召,成为皇帝的高级幕僚,赋以重权,史称"天子宾客"。这些文学之士的作用主要就是与闻朝政,诘难大臣,以侵夺相权为己任。"天子宾客"的出现是汉武帝建立中朝的开始,朝廷自此始分为内外,丞相由全体百官之长降至只为外朝长官而不得过问宫中事务。

随后,汉武帝又利用和发展了秦代和汉初以来的加官制度,使原统属于郎中令等卿的诸大夫和诸郎等官基本上摆脱正常的公卿行政系统,直接由皇帝控制并使之参与政治决策,从而使中朝制度化。侍中、中常侍、给事中、诸曹、诸吏等都属加官,得以出入宫禁,披阅章奏,顾问应对,参与国家机密。还可以举法弹劾,对外朝百官行使监察职权。其中侍中、中常侍、给事中等官开始时基

杨家湾汉兵马俑

本上由士人担任，后来逐渐为宦官占据，成为宦官专权的重要工具。

中朝官吏还包括大将军、骠骑将军、前后左右将军等武官，以及太中大夫、光禄大夫、尚书文官。其中尤以大将军和尚书最为重要。

将军的称谓在先秦时期已经很普遍。汉武帝时正式设置了大将军、骠骑将军等官职，颁有印绶和秩俸。以后又在大将军、骠骑将军官名前加官名。大将军、骠骑将军的地位与丞相相当，其他将军如车骑将军、卫将军、前后左右将军的地位则与上卿相当。

尚书在先秦时期原为主管文书的小官。汉武帝时期出于加强皇权、抑制相权的需要，更多地利用尚书机构办理政务，尚书机构日益重要。汉武帝还开始任用宦官担任尚书，称为中书。在此以前，皇帝下章通常要经过丞相、御史。从此时开始，吏民一切章奏都可以不经过政府，而通过尚书直达皇帝，丞相九卿也必须通过尚书入奏，皇帝的旨意也由尚书下达丞相。按照当时的规定，所有上书都写成正副两本，尚书有权先开启副本，所言不善的可以摒去不再上奏。以前归丞相、御史二府掌管的选举、任用、考课官吏之权也转归尚书。尚书还掌握刑狱诛赏的大权，可以质问大臣，并可因大臣所言不善加以弹劾。

汉武帝还继承了秦以来的九卿制度，设立官员掌管宫室、刑狱、盐铁、外交等事务，逐步建立起一套行之有效、相当严整的统治秩序。

光武倡导薄葬

东汉光武帝刘秀在位期间，始终提倡节俭。面对西汉末年日益兴盛的厚葬社会现象，他于建武七年（31）曾下诏说："当今世上崇尚厚葬，鄙视薄葬，为此，有钱的人过分奢侈，穷人也财产竭尽。这种习俗，法令不能禁止，礼义说教也不能收效，只有等到天下丧乱时才能知道这种习俗的恶果，今天诏

水车（又称天车），一种连续提水工具。

告天下，使臣民都明白薄葬的意义。"

　　刘秀反对铺张浪费，注意节俭，倡导葬礼从俭，这对久经战乱之后社会生产的恢复和发展，起到了积极作用。

曹操屯田

建安元年（196），曹操采纳枣祇、韩浩的建议，于群雄内第一个推行屯田制，在许下大规模屯田。

曹操在参与镇压起义军的过程中，俘虏了大批黄巾军民并拥有大量土地和耕牛，具备大规模屯田所需的条件。许下屯田的当年，得谷百万斛，获得巨大成功，于是曹操下令在各州郡置田官，随处屯田积谷，屯田制迅速推广到中原各地，每年收获谷物千万斛，解决了军粮问题。

民屯是曹操屯田的主要形式，由设在中央的大司农及地方上的典农校尉、典农都尉等官员进行分级管理，最基本的单位是"屯"，每屯50人，设有屯司马管理屯田事宜。屯田民是国家佃客，以四六分（用官牛的，官得六分）或对分（不用官牛的）向国家缴纳实物地租，但不负担另外的徭役。

执锄陶俑，是一农民形象的真实写照。

为了保证统一战争的需要，曹操还创办了军屯，在边境和军事要地，以军士耕种，由中央派司农校尉专掌诸军屯田，其下按军队原有的军事编制系统进行管理，最基层的单位是"屯营"，每营60人。军屯的无偿劳役制，所得谷物就地充当军粮。军屯兵士束缚较严且屯兵身份世代相传，成为军户，如果兵士逃亡将罪及妻子。

曹操实行的屯田制，虽然是强制劳动，剥削率也高，但屯田积谷使北方的农业经济得以恢复，结束了东汉以来农民与土地分离的情况，农民又以国家隶属农民的身份和土地重新结合。曹操屯田，加强了他的政治经济力量，为其在三国逐鹿中争取了优势，并为其统一北方霸业奠定了坚实的经济基础。

受曹操屯田的影响，后来的孙吴、晋也进行过屯田。西晋时，北方的屯田只保留军屯方式，南方的屯田则一直延续到东晋南朝，但规模都不大。

魏道武帝持续改革

拓跋氏原是一个处在落后的家长奴隶制社会的游牧部落。道武帝拓跋珪建北魏后，解散了原来的氏族组织，使氏族成员们分土定居下来，成为国家的编户齐民，由此血缘关系的氏族变成地缘关系的编户。他还设置了八部帅监督户民，劝课农桑，使奴隶制社会迅速向封建制社会转化。

为了推进拓跋氏的汉化过程，拓跋珪重用汉人河北清河大族崔宏，帮助制定各项制度。皇始元年（396），拓跋珪开始建置百官，封拜官爵。第二年，又分置尚书三十六曹，并令全国研读五经诸书，置博士、国子学生30人，为国家培养人才。同年，拓跋珪迁都平城，开始营建都城，建宗庙，社稷，正封畿，制郊甸，标道里。魏天兴六年（403），拓跋珪命令有司根据官吏的品位、级别，制作不同的朝服、冠冕，使礼乐、等级制度逐步建立起来。天赐元年（404）八月，拓跋珪仿汉族六卿之制，设立六竭官；九月，又对官品爵位制度进行改革。他在昭阳殿引见文武朝臣，亲自考选，随才授任，将爵位定为王、公、侯、子四等。皇子及异姓功勋卓著者封王，宗室及藩属王降为公，以此类推。官品共九等，王、公、侯、子为前四品，以下散官共五等，文武百官中才能优异者予以擢拔。天赐元年十一月，拓跋珪又下令在宗室置宗师，

北魏陶牛俑。赶车俑为汉人形象，牛车也与中原地区常见的牛车形制相似，这反映了中原地区与北部少数民族地区的交往。

在八部中置大师、小师，州郡中也置立师，目的是举荐人才。天赐三年（406）一月，拓跋珪又命人制定地方官制度，每州置刺史3人，官六品，其中宗室1人，异姓2人，相当于古代上、中、下三大夫；每郡置太守3人，官七品；每县置令长3人，官八品。刺史、令长必须到所辖州县处理事务，太守因为上有刺史、下有令长，虽设而没有实际事务。这样，北魏的职官从中央到地方都完全按照汉制的九品中正制执行。

　　道武帝拓跋珪一生持续改革，对北魏的建立和强大至关重要，并为北魏孝文帝拓跋弘进行大规模汉化改革起到鸣锣开道的作用。

魏除三等九品输租制

皇兴三年（469）二月九日，魏以慕容白曜为都督青、齐、东徐三州诸军事、征南大将军、开府仪同三司、青州刺史、进爵济南王。白曜在同宋作战中，注意慰抚民心，新附之民也逐渐安定下来。

魏自天安以来，山东连年干旱，加上青、徐之地不断打仗，百姓疲惫饥馁，苦于兵役赋税。按照魏制，将百姓按贫富划分三等，上三品输赋役于平城，中三品输赋役于它州、下三品交本州。通常在一般赋税之外，还有杂调十五。由于山东一带情况特殊，魏政府就全部免除了三等九品输租，由此，当地人生活才慢慢稳定下来。

魏冯太后杀子·临朝称制推行汉化

北魏承明元年（476）六月十三日，北魏冯太后鸩杀太上皇拓跋弘（献文帝），临朝称制。北魏延兴元年（471），魏献文帝拓跋弘把帝位传给他的5岁儿子拓跋宏，是为孝文帝。政令多从献文帝。献文帝之母冯太后为文成帝的皇后，魏和平6年（465）文成帝卒，子拓跋弘12岁即位，尊为皇太后。天安元年（466）丞相乙浑谋逆，太后密定大计，诛浑，遂第一次临朝称制。次年（467），皇孙拓跋宏生，太后亲自抚养，宣布不听朝政。第一次临朝称制时间仅一年还政。冯太后独居寂寞，与李奕私通，颇有丑闻。献文帝不满，因事诛杀李奕。太后怒，遂有害献文帝之心。延兴六年（476）六月，冯太

山西大同冯太后永固陵"童子棒蕾图"浮雕

后暗使鸩毒，献文帝暴卒，年仅23岁。冯太后遂再次临朝称制。大赦天下，改元承明，时孝文帝年幼（10岁），尊太后为太皇太后。冯太后为长乐信都（今河北枣强县西北）人。父冯朗，北燕末主冯弘之子，母乐浪王氏，均为汉族。太后由于出身及家教关系，自幼崇尚汉文化，性聪慧，知书计，通晓政事，但为人猜疑，多权数。孝文帝又孝顺，处处顺从祖母心意，事无大小，都由太后决定。太后也自由了断，不与孝文帝商量。冯太后宠信王琚、张佑、王遇、苻承祖、王质等，皆恃宠用事。张佑官至尚书左仆射，爵新平王；王琚官至征南将军，爵高平王；其余之人也官至侍中，吏部尚书、刺史；爵为公、侯，赏赐巨万，赐铁券，许以不死。外臣如秘书令李冲，虽是凭才能当官，亦由冯太后私宠，赏赐不可胜计。

冯太后执政时，威福兼作，无人敢违，主持班禄，决定推行三长制、均田制、新租庸调制等改革，对北魏一代政治影响甚大。拓跋宏后来大革胡俗，推进汉化，与受太后教育颇有关系。魏太和14年（490）冯太后死，魏孝文帝开始亲政。

齐制律令·改定三长、均田等制

齐文宣帝高洋时因国家多事而疏于制订法令制度，判刑、断狱时极少有律文可依。天保元年（550）时，开始以魏《麟趾格》作为参考来修订齐国刑律，但历时多年未完成。武成帝继位，十分关注律令的修订，屡加督促。终于在北齐河清三年（564）年二月，尚书令、赵郡王高睿等奏上《律》十二篇，又上《令》四十卷，三月便颁行于天下。自此，北齐法令明确周密，条文简要，为官吏者开始遵守法令，仕门子弟也经常学习，于是，齐人多通晓法律。

在制定律令的同时，北齐又颁三长、均田和租调等新制。

北齐的三长制是在北魏三长制基础上重新规定的。规定为：10家为比邻，50家为闾里，百家为族党。一党之内，有党族一人，副党一人，闾正二人，邻长10人，共有14人，统领百家。这比北魏的三长制机构要简洁，利于政府管理。还有丁中制规定男子18岁以上、65岁以下为丁；16岁至17岁为中；66岁以上为老，15岁以下为小。此举便于政府征调徭役、兵役及租赋。

重新改定的均田制为：每个男子分给露田（不栽树的田）80亩，每个妇人分40亩。

北齐陶武士俑。昂着挺胸，神态威猛。

北齐骆驼

奴婢分田同良民亩数，每头牛分给60亩田，限止4头牛。又每丁给永业田20亩，为桑田，不宜种桑的地方按桑田法给麻田为永业田，死后不须归还。首都邺城30里内的土地全部作为公田，按等差分给洛阳迁来的鲜卑贵族官僚和羽林、虎贲；30里以外，百里以内土地按等差分给汉族官僚和兵士；百里以外和各州属一般地区。明显与北魏均田制不同的是，对奴婢分田人数有了详细的规定和一定的限制。宗室官吏、地主豪强不能以奴婢为借口无限制地占田，这对政府有利。

　　同时还改定租调力役制为：租调课征以床为单位，一夫一妇为一床，未娶者为半床。课征以年龄为根据，18岁受田，缴纳租赋；66岁退田，免租调。奴婢租调为良民的一半。均田农户除纳租调外，20至60岁的丁男需服劳役。与北魏比较，服劳役的时间很长，对政府非常有利，却加重了劳动人民的负担。

北齐河清改制，使鲜卑贵族同汉人官僚都成为中原的大地主，也使鲜卑兵士成为均田农民。但因土地兼并和租调、兵徭的沉重，使均田农民不得不出卖田园背井离乡，或投奔寺院寻求庇护。均田制实行不久便受到破坏。

中国政治由三公九卿向三省六部制过渡

中国封建社会的政治体制从秦汉时的三公九卿到魏晋南北朝的三省六部制的发展和演变，使职能和分工趋向合理，皇权不断加强。

秦汉设三公九卿执掌政务，统管百事。秦有御史大夫和太尉、丞相辅佐皇帝，汉武帝时并称三公。汉武帝为削弱丞相权力，设大司马，位居丞相之上，汉成帝绥和元年（前8）将御史大夫改为大司空，又把大司马、大司空的俸禄提高到与丞相相等，从而确立鼎足而立的三公制。哀帝元寿二年（前1）又改丞相为大司徒。东汉初仍设三公，改大司马为太尉大司徒；大司空为司徒、司空，其中太尉位居首位。九卿是三公之下的官吏，东汉把太常、光禄勋、卫尉、太仆、廷尉、大鸿胪、宗正、大司农、少府定为九卿。

三省是魏晋南北朝的中央最高政府机关，称尚书省（台）、中书省、门下省，其中尚书省下设吏、户、礼、兵、刑、工六部。

尚书省，始名尚书台，它由汉代皇帝的秘书机关发展起来的。汉初，尚书是九卿中少府的属官，因其在宫中主管收发文书并保管图籍，而称尚书。汉武帝刘彻时，皇权强化，政事不专任丞相和御史大夫，尚书因主管文书，省阅奏章，传达圣旨，地位逐渐重要。汉光武帝刘秀鉴于西汉末年的重臣专权，有意削弱三公高位，实权逐渐移于尚书，其时尚书机构称台，主管文书起草，成为政府的中枢，号称中台，人说"天下枢要，在于尚书"。但终汉之时，尚书台仍然是少府的下属机构。三国时，尚书台正式脱离少府，成为全国政务的总枢，随着尚书台地位的上升和权力的加强，引起皇帝的猜疑，因而其

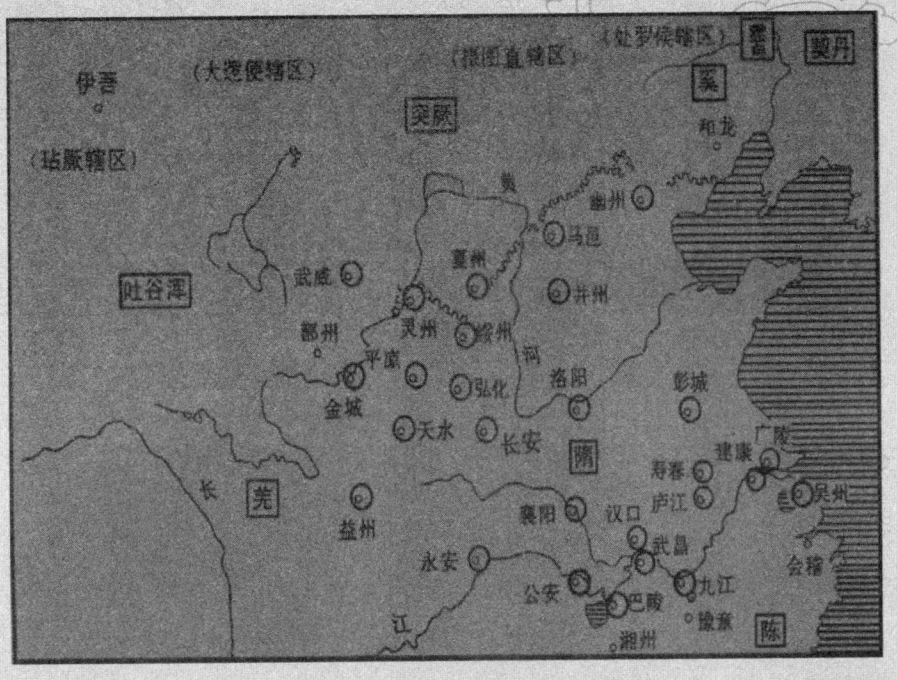

南北朝末期形势图。隋灭陈标志着二百多年南、北朝分裂战乱局面的结束。图为南北朝末期形势图。

权力开始受到限制。曹操称魏王时置秘书令,典尚书奏事,其子魏文帝曹丕改秘书令为中书令,又置中书监,主管机密,下统中书郎若干人,组成中书省。于是在尚书台之外复有中书省,而原来作为皇帝侍从的侍中逐渐成为参预机密的要职,尚书台失去独占机枢的地位。但由于全国政务首先集中到尚书台,因此它作为全国行政中枢机构的趋势仍在发展,执政重臣也要加上录尚书事的头衔,才能过问机密。东吴仿曹魏,尚书、中书并置,蜀汉则沿袭东汉,尚书权倾朝野。西晋因袭曹魏,以尚书台总掌朝政,另置中书、门下二省分其权。到南朝时中书舍人专任机密,尚书省的实际地位更为下降,中书省主要负责政策、诏书的起草,门下省负责审核朝臣奏章,中书、门下二省都设在宫内。尚书省设在宫外,主要负责政策的执行,下设六部二十四司,户部负责财政，吏部掌握官吏的考核、升迁，礼部掌礼仪及贡举，兵部主管军队和武器，刑部负责狱辞诉讼，工部管理工程建设，全部政务，各归所司；而原来的九卿则成为具体办事的职能机构。贯彻尚书省下达的政令，地方州、县禀承尚书等令施政，并定期向尚书省汇报政绩，故尚书省仍是国家政事的枢纽，是最高行政机构。

在三省六部制确立之时，三公的权限大为削弱。汉光武帝刘秀为了集权，只承西汉名义上的三公，其权则由尚书台掌握，后来外戚、宦官专权，又设大将军。大将军开府设官，位在三公之上，三公不仅受制于尚书台，还必须俯首听命于外戚、宦官，皇帝常把罪责推向三公，三公被免职是常事。东汉末，曹操罢去三公而置丞相、御史大夫，曹自做丞相。西汉时的三公制至此终结，魏晋南北朝虽恢复三台制，且开府置幕僚，但实权进一步向尚书台转移，至隋代，三公不再开府，幕僚全部撤销，完全成为虚衔成"优崇之位"。

杨坚建立新体制·加强中央集权

隋朝的建立是中国由分裂走向统一的又一个开始，历史上起到了承前启后的作用，为盛唐的到来奠定社会基础，它所创设的许多体制都开历史的先河并为后世所仿效。

文帝即位初始，就洞察北周官制之积弊。为了巩固自己的统治，大力加强中央集权，他果断地废除北周模仿《周礼》所置六官，取而代之的是三省六部制，即尚书、中书、门下及吏、户、礼、兵、刑、工六部，这样中央官职分工明确，互不交叉，效率有了极大提高，地方则废郡设州县两级，裁撤冗员，有利于中央对地方的控制。为了笼络人才，文帝首创科举制，从此庶族寒士也有大量机会得到提升，许多知识分子都苦读经书谋求官职，这无疑为中央加强控制地方创造了客观条件。在文帝南征北战统一过程中，这些出身贫寒而得以重用的官员发挥了重大的作用。

对于地方官制，隋朝废除了辟署制度，革除了州县辟署制度的种种弊端。自汉以来，州郡长官由中央任命，但其佐僚都由州郡长官自行任命，这样便形成独霸一方的世家地方豪强，大大削弱中央集权。隋朝废除辟署制后，凡九品以上官吏均由中央任命，吏部考核。后来，隋文帝针对南北朝以来地方官制分州郡县三级而滥设机构的现象进行改革，废郡而改设州县两级，州设刺史，县设县令。

583年，杨坚根据苏威轻徭薄赋的建议而全面改革赋税制度，将男子成年年龄改18岁为21岁，每年服役由1个月改为20天，纳绢2丈。到了590年又规定农民年满50岁便可免纳庸税，604年又诏令免除妇女、奴婢、部曲的课税，这些对于减轻农民负担、促进国家富强有积极作用。

581年六月，隋文帝下令改革部分礼制，规定必须依据《礼经》进行宗庙活动，放弃北周旧制而采用东齐的做法。对于服饰的颜色着装也作了新的改革，戎服为黄，常服可用杂色。七月七日，文帝开始穿上黄衣服，在常服上百官与庶人同样。杨坚朝服唯有13环带与臣民不同。

581年，隋朝建立后，隋文帝命令高颎、郑译、裴政等人在北周、北齐的刑律基础上制订新刑律，到十月完成颁布，史称《开皇律》。新的刑律将刑名分为死、流、徒、杖、笞5种，废除了鞭、枭、宫等酷刑，对徒、流的判决也放宽很多。583年隋文帝又命苏威、牛弘修订，除死罪81条，又增加"十恶之罪"，首创分名例、户婚等12篇体例，总体上苛刻程度较以前轻。《开皇律》的颁布对后世产生了巨大的影响。

另外，隋朝还颁布了均田令；统一货币流通，铸造五株钱。以上这一系列举措在总体上有利于生产力的发展，推动了历史进步，对后世有深刻影响，也有利于巩固隋朝的统治。

隋文帝改革府兵制

隋开皇十年（590年）五月，隋文帝杨坚颁布诏令改革府兵制，实行兵农合一。

在改革之前，府兵与其家属、土地自成体系，不加入百姓的户籍，也不归属州县管理，所以军人家属很难管理，军人常常包庇本家，隐匿户口，不缴纳租税。其实，在北周时，府兵制便开始逐渐地走向兵农一体化。但军人独立户籍，家属也居住于军队所在地附近。杨坚下令改革府兵制后，命令军人的户籍与农民一样，属于所在地的州县管辖。这样便使府兵具有军籍和民籍双重身份。军人及家属依照均田制在各州县分配土地进行耕种，在和平时期与农民一样耕田作业，打仗时便出征上前线，可以免除租税调役；同时，每年都必须轮流到京城驻防。

改革后的府兵，在统领上还是分为12个卫分领，但是卫分领的权力只限于监督在京城驻扎的府兵。同时，12卫还分别设置大将军，总体上对皇帝直接负责，受皇帝一人控制。

隋武士俑

府兵制的改革，使国家兵源得到有力的保证，平时耕种，战时出征，减轻了国家对军队的财政负担。另外还削弱了各军队首领之间的联系，有利于封建国家统治的巩固。

隋代开始凿运河·沟通南北交通

隋大业元年（605年），开始凿运河。

隋朝为了巩固政权和统一的局面，在政治上要进一步控制新统一的东南地区，加强对南方的统治；在军事上在东北部涿郡（今北京）建立据点，要把军需物资输送到北方；在经济上，隋朝在长安和洛阳等地区集中了大量的

至今仍在发挥作用的无锡运河穿城而过，河上舟楫往来，一片繁荣景象。

古运河上石柱

官吏和军队，需要充足的粮食供应。如何解决南粮北运，是隋王朝急待解决的问题。利用天然河流和旧有渠道，开凿横贯诸水、贯通南北的运河，是当时解决上述问题的好办法。当然隋炀帝开运河还有他怀恋江都（今江苏扬州）的繁华，想去巡游享乐的个人动机。

杭州古运河的第一桥——拱辰桥

隋朝大运河的开凿始于隋文帝时代，当时引渭水从大兴城（即长安城）到达潼关，长达300里，名广通渠。隋炀帝修建的大运河，工程分4段进行。大业元年（605年），隋炀帝征发江南、淮北100多万民工，在北方修通济渠，从洛阳西苑通到淮河边的山阳（今江苏淮安）。同年，又征发淮南十几万劳动力，把山阳邗沟加以疏通扩大。大约用了半年的时间，一条宽40步的运河—邗沟修成了。河的两

扬州段运河

岸修筑成御道，沿路榆柳夹道，又是陆路交通线。接着，从通济渠向北延伸。大业四年（608年），征发河北民工100多万人开永济渠。这条河主要利用沁水的河道，南接黄河，北通涿郡。大业六年（610年），在长江以南开了一条江南河，从京口（今江苏镇江）引江水穿过太湖流域，直达钱塘江边的余杭（今浙江杭州）。前后用了不到6年的时间，大运河的全线工程告成。

隋朝大运河沟通了海河、黄河、淮河、长江、钱塘江5大河流。它以东京洛阳为中心，西通关中盆地，北抵华北平原，南达太湖流域，通航的范围大大超过以往。这条大运河长达4.8千里，是世界上伟大的工程之一。

隋炀帝开运河给人民带来了沉重的负担和巨大的灾难。大量民工死在工地上，千百万人民妻离子散，家破人亡。但是，大运河修成后，南北交通有显著的改进，它成了南北交通的大动脉，加强了南北的联系，对于我国经济文化的发展起了很大作用。

 ## 科举制形成

大业二年（606年），隋炀帝杨广开进士科，确立科举制度。

科举制度作为封建统治阶级选拔人才的方法，萌芽于南北朝，开始于隋，而成型于唐。南北朝时期，举孝廉，举秀才等察举方式代替了按门第选官的方式。隋朝隋文帝正式取消了九品中正制。使官吏的任用不再受门第的限制。606年，隋炀帝杨广开进士科，确立科举制度。

科举制度在唐代继续实行并得到很大发展。唐代的科举分为常科和制科。

常科包括秀才、明经、进士、明法、明书、明算等六科。秀才为最高科等，所试方略策，要求应举者熟悉经史，精通经世治国的方略。这对于缺少经史知识、醉心词华的唐初士子来说，是很难达到的，因此他们往往不敢投考秀才科。明经主要考两部儒家经典，唐初，明经是按照经的章疏试策，这使许多举子不读正经,只是把与对策有关的章疏义条抄录下来进行背诵,高宗调露二年(680年)开始加试帖经,即取经书中的一行,把其中几个字蒙住,让考试者填充。这样儒家经典的背诵就成为明经录取的先决条件,这样一来,应举明经者死记硬背,不求义理的情况更为严重。进士在唐初考试时务策五道。当时衡量策文的标准是看词华。进士科主要走文学取士的道路,成为选拔政治人才的主要来源。明法科试律、令各一部。明书科试《说文》、《字林》,帖试、口试并通,然后试策,要求通训诂,兼会杂体。明算科考试以《九章算术》《周髀算经》等十部算经为基础,要求明数造术,辨明术理。

科举考试图

常科的应举者主要是生徒和乡员。前者是国子监所统国子学、太学、四门学、律学、书学和算学的学生,以及在弘文馆、崇文馆学习的皇亲、亲贵子孙。后者是指不在馆学的举子,自己在州、县报名,经县、州逐级考试合格,由州府举送到尚书省参加常科考试,特别值得注意的是,武则天长安二年(702年)创立武举,亦是常举,由兵部主持,主要是选拔一般武官,而不是选拔将帅之才。

制科是由皇帝临时确定科目下制举行的,名目很多。如高宗时先后有词赡文学科、词殚文律科、文学优赡科,武则天时先后有超拔群类、绝伦科,玄宗时有文史兼优、博学通艺以及武足安边、智谋将帅、军谋越众等科,但基本上没有重复的。科目的变化,反映了随着政治经济形势的发展,统治阶级对人才的不同要求。参加制考试者可以有出身、有官职,也可以既无出身,也无官职,并且可以连续应举。制举是统治者收买人心的重要手段,它对于发现卓有才能的官吏，也发挥了很大的作用。

随着科举录取人数的不断增加，科举出身者担任高级官吏的比重不断提高，唐朝的科举制度日益重要起来。唐初每年科举录取的人数很少，40年间才有290人，科举入仕者在官员中的比重很小，但从高宗时起，在高级官吏特别是宰相中的比例却在不断增加，到玄宗二十二年（734年）前已经占三分之二，但以后这一情况一度发生逆转，直到宪宗（806～820年）起，科举出身者才重新在宰相和其他高级官吏中占据多数，并且稳定地持续下去，从而奠定了中国封建社会后期高级官吏由科举出身者担任这种格局的基础。

科举制历经宋元明清各代，只在元代前期稍有中断。各朝统治者根据各自的政治要求改革科举制，使之日益复杂严密，在封建政治生活中发挥着举足轻重的作用。

 ## 唐行开元通宝钱

唐高祖武德四年（621年）七月，下令废止隋旧币五铢钱，改行新铸的唐币开元通宝钱，给事中欧阳询奉命撰文题字。开元通宝也读作开通元宝。开元通宝每枚直径八分，重二铢四累，每十枚重一两，这对我国的衡法产生了重大的影响，使古代衡法由原来的一两等于二十四铢演变为一两等于十钱。

开元通宝制作工整，大小轻重适宜，《旧唐书·食货志》曾称赞它说"轻重大小最为折衷，远近甚便之"，唐代几百年间都有铸造。

开元通宝的创制在我国货币发展史上具有划时代的意义。当时对铜钱的成色作了严格的规定，如天宝年间规定铜钱的成分为铜83.32%，白镴14.56%，黑锡2.12%，这是铸钱制度的极大进步。另一方面，以通宝来为货币命名，反映了人们对货币作用的认识进一步深化，也反映了货币的地位在

唐开元通宝钱

社会经济中不断增强，具有深远的社会意义。唐行开元通宝钱。对后世人们的货币观念及货币的流通使用产生了很大的影响。

唐七军阵法创新

唐代军阵一般由七军组成，包括中军一军，左右虞侯各一军，左右厢各二军。因此唐军战斗队形编成及变化的规则和方法，称为七军阵法。根据《通典》、《武经总要》、《武备志》、《李卫公问对》等史籍中关于李靖论阵法的记载，唐代七军阵法有了一些新的创造和发展。

首先是兵力兵器编组配置，比较适合发挥各种兵种或兵器的长处与优势。一般各军内奇兵与正兵比例为3∶7。正、奇兵编组位置如下：弩手居前，其次为弓手；再次为战锋队步兵；后为马军、跳荡、奇兵；再后为驻队。开战时，弩手在距敌150步时发箭；弓手在离敌60步时发箭；离敌20步时，弓弩手扔掉弓弩，捧刀棒与战锋队步兵一齐杀入敌阵。马军、跳荡、奇兵通常不动。如步兵受挫，跳荡、奇兵、马军即上前击敌，退回的步兵休整后继续出战。如敌败退，奇兵与马军追击溃敌，驻队不动。如营垒不牢，则从各军抽调兵力充实驻队，坚守营垒。如营垒坚固，辎重无虞，驻队也可出战迎敌。

战阵内由主将通过旗帜、鼓、角等工具进行指挥。其次七军阵形有所创新，出现了六花阵、横阵、竖阵、行引方阵、撤退阵法等不同阵形变化。

六花阵，因其方营布局"象六出花"而得名。据《李卫公问对》等记载，六花阵为李靖所创。此阵通常以中军居中，六军居外，大阵包小阵，大营含子营，各阵营间互相衔接，不同兵种合理配置，具有协同、集中、机动等优点。据《武备志》卷60说，五花阵又有六花方阵、六花圆阵、六花曲阵、六花直阵、六花锐阵等5种阵形。

横阵，将七军府兵分作两梯队，前面为战队，后面为驻队。每队按弩手在前、弓手次之，然后步兵的顺序梯次配置。马军各在当队后，驻军左右，下马立。听鼓音响，弩手、弓手先后发箭，步军、马军等依次出战。

竖阵，即将弩手、弓手和成锋队混合编组，相间引前；后为跳荡、奇兵；两驻队两边相掩护，进攻时按横阵之法依次接战。此阵用于攻击恃险固守之敌。

行引方阵，也就是护送辎重等的行进阵形，将辎重分成4分队在两道中间前进，战锋队也分成四分队在两道两侧行军。如遇敌，四个辎重分队退居中间，四个战锋分队掩挡四面来敌。

撤退阵法，即隔队抽队撤退阵法。具体方法是隔一队抽一队，所抽之队撤至阵后百步立阵，未抽之队阻击敌人掩护撤退。已撤之队到达指定地点后，准备兵器迎敌，而后撤前队。前队也后撤阵后百步立阵，准备掩护前队撤退，如此循环往复，前队、后队互相掩护，撤出战斗。这种边战边退的阵法多为后世兵家作撤退战术使用。

推行两税法

建中元年（780）二月，新任宰相杨炎在总结全国各地税帛改革经济教训的基础上，提出一套拯救唐朝统治的完整的税收方案，在唐德宗的同意下，

唐代犊车。二牛并列，均昂首伫立，头上有辔勒。牛后车一辆，辕轭均失，留一厢二轮，车厢前面有门，上有蓬盖。牛和车的造型均很简练质朴，牛头则刻划得较为细致逼真。

向全国颁令："计百姓及客户，约丁产，定等第，均率作年支两税"。这就是我国历史上自此后延用800年之久的两税法。

建中以前，两税的名称就已存在，是种通称，凡分两次交税都可称为两税。杨炎改制后，两税成为专名，指夏税和秋税，成为一种适用于全国广大地区的统一的赋税制度。两税法的主要内容是：不论土户、客户以所居地统计；纳税人不分中丁，据贫富情况划分征税数量；经常往来行商的，在所在州县赋1/30的税；居民的税分夏秋两季征收。田亩税以大历十四年的土地数目为准，夏税不过六月，秋税不过十一月；废除租庸杂舶等名目，税额全部推入两税。

两税法的核心是地税和户税，但它们并非唐初以来仓地税和户税的简单凑合或继承，而是在唐肃宗特别是代宗以来各地改革税法的基础上，又融长期实行的租庸调法而产生的新税法，是封建社会中赋税制度的一次重要改革。它按资产而不按人丁征税，也不区分土户和客户。一些有产者得多缴纳税额，而一些失去土地的农民可不纳或少纳两税，使民户的赋税负担有所调整。它征收的税率，各道各州不一，以大历十四年所征各种税收总额，作为两税总数，层层分摊，最后确定当地人户和地亩应负担的数量。它还简化了以前名目繁多、混乱不堪的征税办法，暂时统一了税制，扩大了征税对象，有限度地约束了官吏贪赃枉法的行为，确实达到了增加财政税收的目的，有利于社会经济的发展。因此，两税法的实行暂时延缓了社会危机的总爆发，较快地渡过了财政短缺的困难，使唐王朝在安史之乱后的艰危局面中幸存下来，并在以后的一个时期内能展开与地方藩镇的激烈斗争。

虽然两税法在执行初期受到宰相陆贽等的竭力阻挠，实行一个时期后，就弊端丛生，但它顺应社会经济发展的内在趋势，唐中叶后得到确立，并为后世数百年延用。

唐兴厚葬

唐代，王公贵族、大小官吏及一般平民死后都实行墓葬并风行厚葬。

唐代丧祭，多依循古礼，有发丧、出孝等程序。唐坟墓规格依身份不同，差别悬殊。如规定一品"陪陵"大臣"坟高四丈以下，三丈以上"；一品官坟高1丈8尺；庶人墓高4尺等。皇陵规模多宏伟巨大。

唐代厚葬之风十分严重。"王公百官，竞为厚葬……破产倾资，下兼士俗"。葬时，偶人像马，雕饰如生。归葬途中，设有路祭，道旁设帐，内置假花、果、粉人、食品等物。唐玄宗曾严禁厚葬，下令丧事"务从简约，凡送终之具，并不得以金为饰，如有违者，先决杖一百"，但并未收效。

安史之乱后，奢风愈炽，有的半里一祭，绵延20余里。帐幕大者竟高达80～90尺，用床300～400张。祭品精美丰盛，有的还雕木为鸿门宴等古戏，至使送葬者"收哭观戏"。唐已流行为死者烧纸钱，纸钱堆积如山，盛加雕饰。寒食扫墓也浸以成俗，并编入礼典。服丧仍以3年为限，若非遇到战事等特殊情况，不可从权。

唐代的帝陵和"号墓为陵"

唐金棺银椁。陕西省临潼县新丰镇应山寺遗址出土。

唐长乐公主墓壁画

唐金棺银椁。甘肃省泾川县大云寺舍利石函出土。

唐银鎏金"论语玉烛"龟形器。玉烛由一圆筒和龟座组成。筒为圆柱形,并有圆柱形盖由子母口与筒身相合。盖顶部为卷边荷叶状。盖侧壁在鱼子纹地上刻一周缠枝卷叶和飞鸟。筒身上部刻缠枝卷叶和龙凤各一,亦与鱼子纹作地,龙凤间有一长方形框,内刻"论语玉烛"四字。圆筒下为龟形底座,龟背上有双层仰莲,上承圆筒。玉烛除地纹和部分龟甲外,通体鎏金。这件玉烛是用来盛放酒令筹的。这样的器物在国内是第一次发现,无论造型设计还是纹饰錾刻,都非常精妙,不愧为唐代后期金银器中的瑰宝。

唐金棺银椁。江苏省镇江市北固山后峰甘露寺铁塔塔基出土。长干寺金棺（右）以锤鍱法制成，通体錾刻精细的花纹。

的陪葬墓，在地面上有陵园建筑，它的坟丘作覆斗形；一般陪葬墓和大型墓的坟丘则多作圆锥形。绝大多数墓葬是洞室墓，里面有墓室与墓道，部分墓在墓室和墓道之间有甬道。大型墓往往还开凿有天井和壁龛。墓室一般有两种，即土洞与砖室。土洞墓的墓主一般为平民或下级官吏，砖室墓则属高级官吏和皇室成员。较大型的墓都绘有壁画。唐代墓葬的随葬品丰富，可见当时各种手工业和工艺美术是相当发达的。

墓室中，土洞墓的形制先后有明显的变化。初唐时的墓葬，墓室平面多作方形或长方形，墓室为东西宽、南北窄的横室；而盛唐与中晚唐时的墓葬，长方形墓室逐渐增多，横室墓则已消失。砖室墓的形制从初唐到晚唐变化不大。墓室平面作方形或近似方形，四周多为中部略向外凸或稍向外张而呈弧形。

唐代墓葬中的壁画，反映了唐代达官显贵们的豪华生活以及当时的社会风尚等等，体现了唐代的绘画水平。

宋废除宰相坐议礼

建隆元年（960）二月，宋废除了宰相坐议之礼。

以往各朝，每逢国家大事，皇帝必召宰相等重臣坐在一起，共同商议。议毕，皇帝赐茶，臣子方可退下。唐及五代时期，仍沿此制。

宋太祖赵匡胤建立宋朝后，仍留用范质、王溥、魏仁浦等后周重臣，范质还当宰相。他们曾受周皇重用，这就容易受到猜忌；加之宋太祖明察秋毫，自己的一举一动都逃不过他的眼睛，稍有不慎，便会祸从天降。他们想尽量减少与太祖见面的机会，故联名上疏，奏请改变旧制，遇到有重要国事，不再由君臣坐在一起共同商讨，代之以奏札。宰相有事，可奏呈皇帝，皇帝批阅后，再给宰相下旨。

赵匡胤对此表示同意。于是，赐茶之礼被废，宰相不再坐议政事。

科举制完善

开宝八年（975），中国科举制度形成了解试、省试、殿试一整套程序。

科举制作为中国封建社会长期选拔官吏的一种制度，始于隋唐，到宋初基本完善。宋太祖赵匡胤始行特奏名，首创殿试制度。

开宝三年（970）三月，赵匡胤诏令礼部贡院阅进士诸科，十五举以上曾

宋人科举考试图

经终场的多数人，赵匡胤都知道他们的名字。于是，赵匡胤特予推恩、赐司马浦等106人本科出身。特奏名的制度从此始行。所谓特奏名，就是那些解试合格而省试或殿试落第的举人，累积到一定的举数和年龄，不经省试，由礼部特别奏名，直接参加殿试，分别等第，并赐给出身或官衔的一种科举制度。因为是皇帝特别推恩，也叫做恩科。

开宝六年（973）三月，赵匡胤为了收揽文权，使读书人入仕感激皇恩，在讲武殿亲自复试举人，罢黜一批，选出进士26人、诸科101人。从此，皇帝亲自复试的殿试制度成为一种基本制度。到了开宝八年（975），科举考试有了省试、殿试的分工，省试的第一名为省元，而殿试第一名则为状元。于是形成了一整套在解试、省试之后，由皇帝亲自殿试复试，再决定取舍等第的殿试制度。殿试又叫廷试、御试，一般在三月间举行，考试内容通常为诗、赋、论三题。殿试完后，由皇帝主持唱名仪式，中榜者都是"天子门生"。

特奏名、殿试的实行，标志着科举制度在宋初已基本完善。

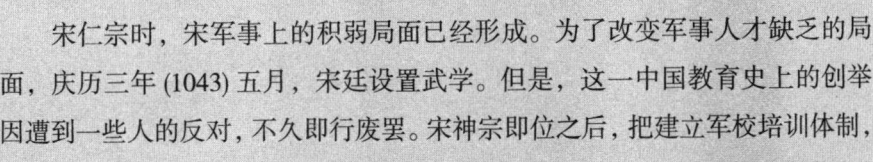

宋置武学

宋仁宗时，宋军事上的积弱局面已经形成。为了改变军事人才缺乏的局面，庆历三年(1043)五月，宋廷设置武学。但是，这一中国教育史上的创举因遭到一些人的反对，不久即行废罢。宋神宗即位之后，把建立军校培训体制，加速培养和选拔军事人才当作强兵的重要措施付诸实践，决心扭转积弱局面。

熙宁五年(1072)五月，宋神宗下令设置武学，这是我国历史上最早出现的正规的军官学校，对武学的管理、学生来源、课程设置、教学方式等问题作了明确的规定。当时的武学由兵部主管，由枢密院选调有军事才能的优秀文武官员任教授，学生来源于未授职的使臣、荫补的官将子弟及有一定军事

武学的设立，是养兵制向科学化迈进的开端。

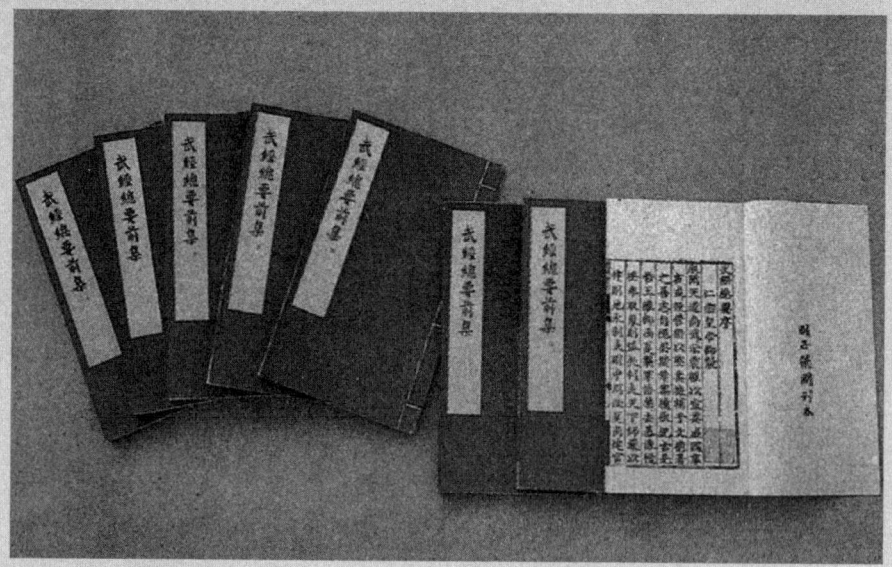

宋代官方编修的《武经总要》

知识的平民，经测试合格者，取得入学资格。武学的课程有军事理论、军事历史和军事学术等，采取理论与实践相结合的教学方式，培养学员的实际带兵和指挥作战能力。学制3年，毕业考试合格者，授予官职。至于不合格者，留校继续学习，来年再试。武学还要求学员树立忠君思想。同年闰七月，宋神宗再次下诏，进一步明确了武学分上舍、内舍、外舍三级培训体制。初入学者为外舍生，每年春秋各试一次，步、骑射能达到标准，10道兵法释义题能正确回答5道，并写出一篇军事论文者，晋升为内舍生，内舍生成绩达到优等者，再晋升为上舍生，上舍生才能出众者，经枢密院严格审查，情况属实后，可以提前毕业，授予官职。

宋神宗时武学所开创的军事教育体制，到南宋时进一步健全，并普及到地方，明、清两代都继承了这一体制。

庆历新政开始

宋庆历三年(1043)九月，范仲淹等上书陈述10件大事，主张推行新政。宋仁宗提拔范仲淹、韩琦、富弼等人执掌朝政后，经常询问他们使天下太平的策略。庆历三年(1043)九月，范仲淹与富弼联名上书"条陈十事"，认为目前必须加以解决。这10件大事为：1、明黜陟。宋朝对官僚实行磨勘制度，论资排辈，许多官僚昏庸无能。范仲淹建议按实际的功、善、才、行考核官吏，干练勤政的予以升迁，否则予以罢黜；2、抑侥幸。宋代官僚实行恩荫之制，大官僚的子孙无论贤愚均可通过恩荫作官，范仲淹建议减少恩荫人数，延长恩荫时间，缩少恩荫范围，并对恩荫作官者进行严格考核，否则不能入仕；3、精贡举。改革科举制度，严格考试制度和考场纪律，成绩优异者才能做官；4、择官长。鉴于地方政治混乱，地方知州、县令昏庸，范仲淹建议凡是知县、县令都须由上级官僚保举，并增加保举官员的人数，如果被保举的官僚才能有限或犯了错误，保举者相应受到惩罚；5、均公田。由于官僚人数增加，一些官员任满一届后，很长时间才能再次上任，在此期间没有俸禄，只好借贷度日，等到下次上任后，便大肆勒索。范仲淹建议改进职田法，规定地方官员按等级给予一定数量的职田。这样可以使官吏上任后更清正廉洁；6、厚农桑。范仲淹主张大力兴修水利，发展农桑事业，提高农业单位面积产量，保护全国农民生产的积极性，以达到富国的目的；7、修武备。宋朝养兵百万，大多驻守京师。宋夏战争爆发后，禁军多抽调到西北地区，京师防务空虚，范仲淹建议召募京师附近5万强壮青年为兵，这些士兵大多数时间从事农业生产，农闲季节进行军事训练，这是强兵和节省财政开支的最有效办法；8、减徭役。范仲淹主张省并一些不必要的州、县，以减轻农民的徭役负担，同时减少县衙中的役人，使他们回到农业中去，从而达到国富民强的目的；9、覃恩信。君主应尽量减少赏赐，以免耗费国家大量钱财，而仪式也须减少；10、重命令。各级官僚应该按照国家法律办事，不得贪赃枉法，不得法外用刑。宋仁宗完全接受了范仲淹等的建议，并将其中一些建议制订成法律条文，责成有关部门执行，并将这些条文在全国公开颁布。这就是著名的"庆历新政"。

  由于新政触犯了官僚贵族的利益，遭到他们的强烈反对，他们诬蔑范仲淹与富弼、韩琦、欧阳修等人结为朋党。庆历五年(1045)初，范、富、韩、欧阳等人相继被排斥出朝廷，庆历新政仅推行了一年又几个月便宣告夭折。

宋设置医学

熙宁九年(1076)宋神宗下令提高太医局的地位(原隶属于太常寺),专门委任知制诰熊本出任提举太医局,大理寺丞单骧管勾太医局。与此同时,设置医学,生员总额三百人,教师由翰林医官或医学中的高材生充任,分方脉、针、疡三科教授学生,每科设教授一员。《素问》、《难经》、《脉经》为方脉科的主要教材,谓之"大经",另外还要学习《诸病源候总论》等,称之为"小经",学习针科、疡科的学生则可以不学《脉经》,另学三部针灸经。医学学生在学习书本知识的同时,还必须轮流为太学、律学、武学学生和各军营将士治疗疾病,作为临床实验的考核。为了检查学生的学习效果,学校统一发给学生一些表格,由患者填写自己疾病症状和治疗效果,用这些材料作为考核的凭据。

宋元丰朝改革官制

元丰三年(1080)九月,宋神宗针对宋初以来官制的弊病,专门成立一个改革官制的机构——评定官制所,具体实施改革官制的计划。从元丰三年一直持续到五年(1082)完成这一改革任务。

宋初以来,官员除授制度非常复杂,有官、职、差遣之分,官以定品阶俸禄,称为寄禄官,职是指殿阁学士、待制等,加之于文学之士头上,以示尊宠,惟差遣为实职。因此,宋代设官虽然沿袭唐制,而三师、三公不定置,宰相也不专任三省长官。官无定员，三省、六部、二十四司虽然也没有正式的官员，但若没有皇帝的敕令，他们并不主管本部门事务，给事中不封驳，中书舍书不起草诏令。

元丰三年，制定寄禄格，改正官名。以原来的散官开府仪同三司代替原来的中书令、侍中、同平章事，以下依次代换，用以确定官僚俸禄及升降品阶的标准，取代原有的寄禄官，成为新寄禄官阶，原来的寄禄官全部改为政府机构的正官，成为官符真实、主管本部门的职事官；改革铨选制度，规定凡除授职事官，皆按寄禄官品位高低为标准；仿制《唐六典》所载官制，颁布三省、枢密、六曹官僚等制度，按照新制度任命三省长官，事无大小，并由中书取旨，门下审核，尚书执行。宰相改称尚书左右仆射，副相称为尚书左右丞，实施新的官制。

哲宗新班·新法复行

元祐八年（1093）八月，宋太皇太后高氏病卒。做了9年有名无实的皇帝之后，18岁的赵煦终于得以亲掌朝政，是为哲宗。

高太后临朝9年，废新法苛政，召用司马光、苏轼等旧臣，她掌权时，朝廷清明，外戚家不得沾私恩，连敌国辽邦亦许之为女中尧舜。但赵煦自负英明，急欲建功，对神宗用王安石变法、以图富国强兵向往已久，早已不甘于祖母长期掌权，高太后反对新法更是令他不满。因此，亲政的第一件事，便是把王安石变法的反对者、礼部尚书苏轼贬去做定州知府。于是，朝野皆知，皇帝又要行新法了。

赵煦亲政的次年三月，亲自主持殿试，内容是颂扬神宗皇帝英明如尧舜，颂扬新法利国利民，再一次发出要恢复新法的讯号。四月，赵煦改元绍圣元年，意思是要追随神宗之政，决心恢复熙宁、元丰以来的规章制度。

浙江绍兴市的沈园,现为纪念沈括之场所。

泥活字版

与此同时，赵煦起用新党，打击旧党。高太后一死，他便将被排挤出朝的新党迅速召回，而疏远她所提拔的元祐旧臣。门下侍郎苏辙婉转指出神宗变法的得失，劝赵煦不可轻变元祐规章，赵煦一怒之下将这位朝中重臣贬去做知州，起用新党章惇为相，章惇又引进蔡卞等党羽居要职、塞言路，对旧党展开全面的打击报复。

改元当年起，赵煦也同时逐步恢复了熙宁旧法。四月，命令开封府依神宗元丰八年（1085）所行法度，恢复免役法，后又命天下诸路照此全面恢复免役法；闰四月，改革元祐科举制，罢十科举士法；五月，诏命进士罢诗赋，专治经术。绍圣二年（1095），恢复青苗法。绍圣四年（1097），重置市易务。元符元年（1098），重新恢复常平、免役、农田水利、保甲等法。这一段时间里，各项新法与神宗在位时的模式基本一样，只是对某些可能产生弊端处略加改革。

王安石在神宗时所行的变法，用心本是良苦，但神宗一者急于求成，二者听不得忠谏之言，所以变法政策徒然落得劳民伤国。哲宗效仿先帝之政，也没有摆脱这两桩弊病，所用新党，多是小人奸臣，变法仍然难见成效。

宋高宗变革兵制

宋高宗建炎年间（1127~1130），南宋兵制有了变革，与北宋兵制有所不同。

靖康元年（1126），康王赵构被钦宗任命为兵马大元帅，所辖兵力只有1万人，分前、右、左、中、后五军，这是南宋重新组编军队之始。康王即帝位之后，由汪伯彦和宗泽分别率领的两支队伍，成为南宋重新组军的骨干力量。李纲任相后，曾提出一个重新"团结新军"的方案，未能付诸实施，但是，却表明原有北宋禁兵的各种番号和编制，已无恢复的可能与必要。高宗建炎

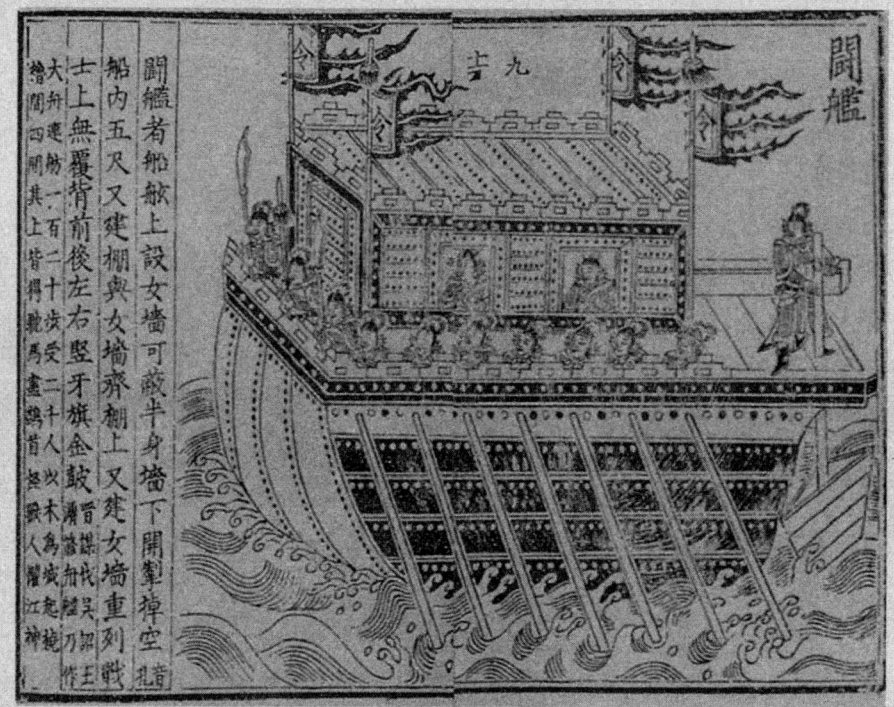

《武经总要》中的斗舰。斗舰船舷有女墙，墙下开孔，可蔽身放箭，是攻守兼备的战舰。

《临萧照瑞应图卷》绘赵构从磁州北回,渡河时刚上岸冰即拆裂,高宗幸免于难。

《武经总要》中的走舸。走舸是轻便高速的战船，来去如飞，用作突然攻击。

年间，作为南宋军的主力，大致有三支，一是御营军，二是宗泽的东京留守司军，三是陕西军。

高宗即位之后，就闲置了北宋的枢密院和三衙，另外设置御营司，由宰相和执政兼任御营使和副使，其下设都统制，统管御营军。御营军初分为五军，后分为三：刘光世的御营副使军，韩世忠的御前左军和张俊的御前右军。这三支部队实际上独立成军，御营司直属部队并不多，权限大为削弱。建炎四年（1130），南宋朝廷取消事实上已无实权的御营司，将御前军、御营军分别改为神武军、神武副军，统归枢密院领导，从而恢复了北宋枢密院管军旧体制。宗泽的东京留守军号称百万，是建炎初年南宋的主要抗金力量，而吴玠率领的川陕军在抗金战争中力量也不断发展壮大。建炎年间，战乱连绵，兵无定制，除上述诸军外，还有独立的镇抚司军。宋廷曾出于权宜之计，任命了二三十名镇抚使，但到后来其建制全部取消。

宋建水军

南宋水师的规模和数量都大大超过了北宋，水军在南宋已成为与陆军并重的一个重要军种，对维持南宋半壁河山的统治，发挥了重要作用。

宋高宗即位之后，宰相李纲就提出了在沿江各要地设立水军、教习水战的建议，但由于一些人的阻挠，此计划未能付诸实行。此后，为了镇压杨幺起义军，宋廷被迫大量打造战船装备部队，使水军数量增加。岳飞收编了起义军中大批擅长水战之人，以及战船千余艘，其中包括几十艘作为主力舰的大车船，岳飞部水军迅速扩大。此外，刘充世部有水军5000余人，张俊军虽未设水军，也拥有大小战船380余艘。绍兴四年（1134），宋廷曾下令，要求临安、平江、镇江、秀、常、江阴、太军、池、洪、兴国、鄂、岳、潭等州军"各置水军，以五百人为额，并以横江为名"。但这项诏令未能付诸实施，直到次年，张俊收编原杨幺起义军周伦等部后，才拼凑成横江水军10个指挥，

南宋初的《雪溪行旅图》，描绘了隆冬季节一队牛车跋涉的情景。

约 5000 人。宋廷还曾设置沿海制置使司，专门负责海防，其所属的水军，舟船数百，士卒逾万，由副使马扩负责"阅习水军战舰"（《建炎以来系年要录》）。孝宗以后，宋廷在沿淮、沿江和沿海陆续设置了 20 余支水军，分布在各重要州军，以防御金军的南侵。其中主要有：鄂州（今湖北武汉）都统司水军，平江府许浦水军，殿前司浙江水军，庆元府（今属浙江）定海县沿海制置使司水军。后两支水军均有 1 万人，平江府许浦水军最多时达 1.4 万人，是南宋最大的一支水军。

到南宋中后期，沿江、沿淮和沿海各重要的府州军，大都设有规模不等的水军。宋廷尤其重视长江下游至两浙路沿海的水军。对于水军的统辖体制，各个时期也不尽相同。如宋孝宗时，一度以知建康府兼沿江水军制置使，统领沿江及沿海 15 州水军。而大多数情况下，都由各地制置司、安抚司及水军司自行管理。

南宋凭借着水军优势，能够抵御金、元军的南侵，得以立足江南，偏安一隅。如绍兴末年金军南下，遭到宋水军拦截，失败而回。宋元战争中，南宋也是依仗水军与蒙古军抗衡了一段时日。后来，随着其优势的丧失，南宋的末日就来到了。

 ## 犁耕取代锄耕

犁耕取代锄耕是农业生产和农业技术的重大成就和根本性革命，在金代，上京诸路已基本完成此过程。

考古发掘出土的大量金代铁制农业生产工具显示，这时期的农业生产技术较前代已有相当进步。在今黑龙江、吉林、辽宁、河北、北京、山西、河南等省市出土了数量众多的农具，有的一处就达数十件。如黑龙江肇东八里城出土各种铁制农具 50 余件，北京房山县焦庄村出土 30 多件，其中种类繁多，

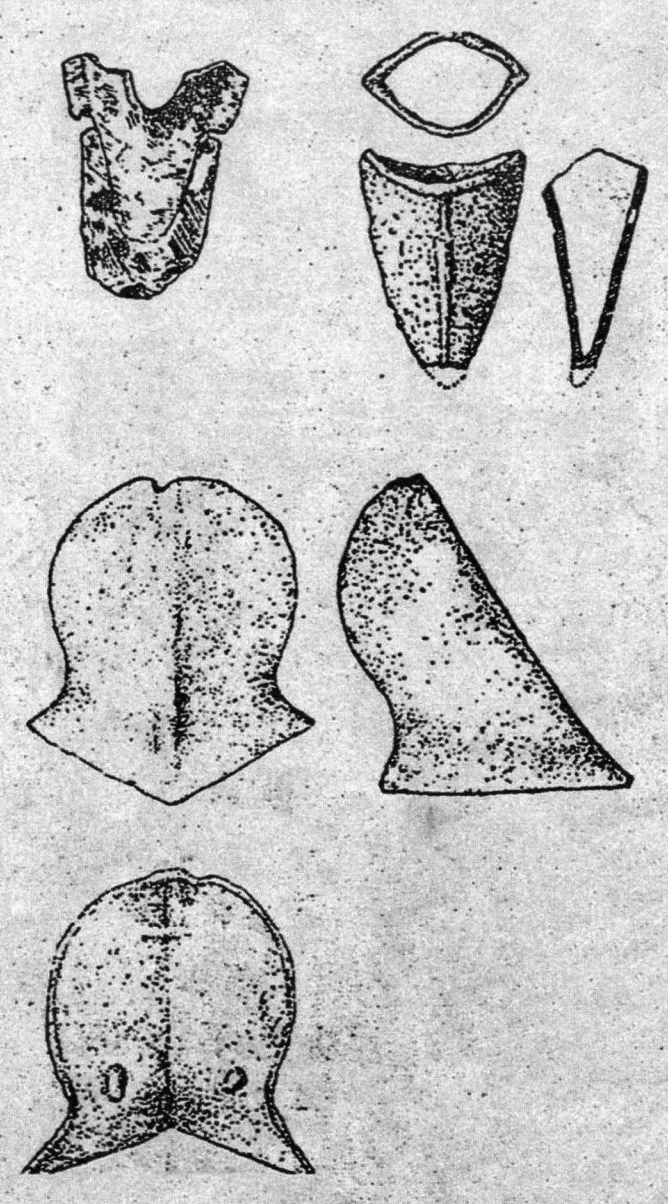

金代铁铧、铁耧铧、铁镗头

有犁铧、鐴头、犁壁、镰、手镰、锄、锄钩、耪锄、稿、镬、叉、锹、铡刀、车辖等，每种工具又有多种不同形式，分别可用于翻土、播种、牛耕除草和收获等各个生产环节。1976年，在河北滦平县窑上公社岑沟村——金代农家遗址中，发现了一个《齐民要术》中提到的"瓠种"所用的窍瓠，它是见于报道的迄今最早的此类遗物。

据此分析可以认为，至迟在金代中期，上京诸路使用的铁制农具已经成龙配套。黑龙江肇东八里城出土的50多件铁制农具经初步整理，直接用于农业生产的有翻土分土工具，除草工具和收割工具。而且许多农具与中原地区的农具已基本一致，甚至十分相似，有些还同近百年及20世纪30年代前后黑龙江地区农村使用的工具有些近似，表现了其农业技术的进步性。

除了数量多、品种齐及应用的细致性以外，其结构也显得相当进步，如所出土的犁铧，尖端角度较小，不仅入土深，而且能起较大的垄，有利于保墒全苗。而所用的锄头，锄板很薄，上边还安装有弯形锄钩，这样，锄草时既不易碰坏庄稼，又可深锄而省力。

在耕作技术上，这些地区已广泛推行了辽代的垄作，不仅能防风沙，而且有利于吸收太阳光能，提高土壤温度，的确适宜于东北地区的环境及气候特点。在此基础上，金代进一步完善并形成了一整套适合这种耕作方式需要的农具。如出土的犁铧、钚镣和现代东北地区使用的已很相似，而与河北地区的出土文物有较大差别。再如犁壁，上京地区的呈长方形，而北京的则为扁方形。这些差别显然是与当时实行垄作和平作方式不同有关的。最有特色的是鐴头，这种既可以分土起垄，又可以牛耕趟地的适合东北垄作方式的特征性农具，到目前为止，仅在黑龙江肇东八里城等地遗址中有所发现。

据上述材料足以推断，在金代犁耕已经取代了锄耕并已发展到相当高的水平，这些成龙配套的农具使许多地区已摆脱了粗放的耕种方式，进入了精耕细作农业的时代，极大地促进了农业生产的发展。

理学入主教育

理学是宋儒对先秦孔孟之学的新发展，他们从佛老之学中汲取养分，融合于儒学中，形成一种新的哲学体系，理学自北宋末产生，几经波折起伏，在南宋时才正式成为朝廷官学，并进一步成为占主导地位的官方哲学，统治了整个后期封建社会。

理学在后世又被称为"濂、洛、关、闽"之学，这也是宋代理学的四大派别。濂指周敦颐，因其家居濂溪；洛指程颢、程颐兄弟，因他们长期在洛阳讲学；关指张载，因张在关中授徒；闽指朱熹，因朱在福建讲学得名。理学之说，开始于周敦颐，正式成立于二程，朱熹又进一步继承二程。理学在入主教育时几经沉浮的历程，其实也是朝野对理学家的学说和身份的抑扬不定的认同过程。

北宋的王小波李顺起义在人们心目中留下了深刻影响，二程看到了当时阶级矛盾的严重性，想用理学从思想上加强统治，防止农民战争。程颐因此一度被尊为帝王之师。但此后，理学不敌王安石新学，一再失去官学讲席。

南渡以后，东南学者重倡元祐学术，反对王氏经学，程门弟子重新受到推崇，宋高宗也下诏称许程颐之学为孔孟道统的继承者，命天下学者学习，确认了二程学说在教育领域的合法地位。

秦桧入相以后，程学被斥为"专门曲说"，完全被排挤出官学之外，科举考试用程氏之说者，也尽遭黜落。秦桧死后三十余年里，道学之禁放松，程学与王学再度相互竞争，尽管公论不一，但程学又逐步占据了官学和科举的主导地位。

尽管如此，对道学非难之辞仍然很多，道学家标榜自己独承孔孟道统，引起部分士大夫的不满，于是，韩侂胄当政时，理学以"狂妄自大"再次遭禁，朱熹及其信徒被逐出朝廷和官学讲席，或被编入党籍。官学之中，理学几近绝迹。

宁宗时，韩侂胄失势遭戮，史弥远当政，理学再度崛起，理学名家李道传、真德秀出任太学博士，重掌中央官学讲席。

此后，官方多次高度评价程朱之学，称其使孔孟之道复明于世，"千载绝学，始有指归"；追谥周、张、二程为元、明、纯、正；追赠朱熹为信国公，正式将其《四书章句集注》立为官学。将濂、洛、关、阁诸子列于从祀，废黜王安石从祀。从此，理学正式入主南宋官方教育，教育领域中的程王之争以程学胜利告终。

 ## 西夏实行科举制度

1147年仁宗为适应西夏封建社会迅速发展的需要，为巩固皇权，加强专制主义的中央集权统治的需要，于八月"策举人，立唱名法，复设童子科，于是取士日甚"（《西夏书事》卷36）。西夏开始正式仿宋朝制度实行科举取士制度。

西夏正式实行科举制度以前，是通过"蕃学"选拔人才的，这种方式在某种程度上具有科举取士的性质。但由于以党项为主体的西夏国家原有文化基础落后，又无培养教育人才的学校，因而科举制实行的基础不存在。

随着儒学日益发展，到仁宗时期，西夏儒学进入鼎盛时期，仁宗于1144~1145年，在全国普遍设立学校。全国各州县均设"小学"；宗室子弟则进入"宫学"；在兴庆府设立培养高级儒学人才的"大汉太学"。儒家学说的传播发展为西夏推行科举制度奠定了基础。

仁宗实现科举取士制度后，把科举取士制度化，不论党项人、汉人或宗

西夏壁画《弥勒经变图》局部

室贵族,都必须完善化,通过科举进入仕途。神宗遵顼由宗室"策士"而步入最高统治地位。

献宗德旺在兵临城下国之将亡仍要"策士",甚至皇家李桢随父到金国避乱仍不忘"应经童试",可见科举取士在当时的重要。西夏1161年设翰林院,许多有名的翰林学士均是通过科举进入仕途的。在西夏后期实行了80多年(1147~1227),深入人心。

但是,仿效宋朝建立科举制度,并未达到统治者希望巩固皇权和加强中央集权统治的目的,反而由于科举制度而产生的官僚政治上的种种弊端,如冗官、朋党、吏治腐败等,致使政治统治效力下降,令西夏加速走向衰弱。

金国进行币制改革

贞祐三年(1215)七月,金国开始推行大规模的币制改革,将因为大量发行而急剧贬值的交钞更名为"贞祐宝券",印行20贯至100贯、200贯、1000贯大钞。

金朝初期,沿用辽、金旧币。贞祐二年(1154)才开始印制交钞。到了后期,财政入不敷出,国库空虚。章宗于是下令大量发行交钞,以愚弄百姓。结果是交钞贬值,难以流通。政府只好出面干预,命令两京、北京、临潢、辽东等地,凡交易在1贯以上者必须用银钞、宝货,大大限制了商贸的发展,使物价飞涨、民怨沸腾。于是,引出了贞祐三年七月的"币制改革"。

这种"改革"的结果是:货币的信誉更一落千丈,以至无法交易。到了元光元年(1222),官定银价上涨40多万倍,而市价则超过1000万倍。交钞成了废纸,加速了金朝的灭亡。

宋立太学三舍法·改革学制

熙宁四年(1071)十月,太学规模逐渐完备。元丰二年(1079)又经过李复等人的改革,太学三舍法最后完善起来。改革后的太学三舍法规定,除主管学校的官员之外,太学设置十员直讲,每二人主讲一经。教官教学成绩是根据所教授太学生的道德行为、经术学问、升学率等方面加以评定、考核。太学生生员是经过州县考选而进入太学的,入学后,每30人为斋,由学生自由选择一本经书,跟随该直讲学习。太学生分为三等,初学者为外舍生,外舍生一年后可升为内舍生,内舍生再升为上舍生。太学生的食宿全部由官府供给,这就是太学三舍。生员的升等完全由考试成绩决定。外舍生每月考试一次,年终进行一次统考,只要成绩合格,平时又不违反校规,经术也符合要求,即可以升为内舍生;内舍生一年之后,如果考试成绩达到"优"或"平"二等,参考平常的道德行为、经术学问,然后升为上舍生,上舍生考试分为上、中、下三等,名列上者可以不参加科举考试而直接任命为官。

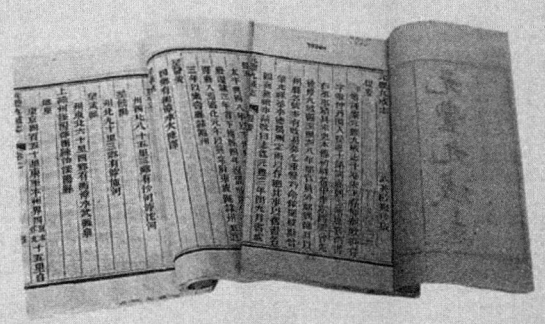

北宋官修地理总志《元丰九域志》。以熙宁、元丰年间的四京二十三路为标准,分路记载府、州、军、监、县的户口、乡镇、山泽、道里等内容。

朱元璋建立卫所制

明洪武元年（1368）正月，明太祖采纳刘基"立军卫法"的建议，正式创立卫所制。

卫所的设置，根据地理形势和军事冲缓而定。一般来说，系一郡的设所，连郡的设卫。一卫统十千户，一户统十百户，百户领二总旗，总旗领五小旗，小旗领军十人。从洪武三年起，又设杭州、江西、燕山、青州、河南、西安、太原、武昌八都卫及西安行都卫等。洪武七年（1374）八月，重定兵卫之政，大率以5600人为一卫，而千户所、百户所、总旗、小旗所领军士数额相同（千户所1120人，百户所112人）。在若干卫所之上设都指挥使司（初称为都卫，洪武八年改称都司），长官是都指挥使。从卫指挥使到百户等军官，都是世袭的，称"世官"。其死亡，老病或年龄达60岁的，均以后代亲属继承代替；没有后代，以其旁系亲属继承。都司、卫所皆隶属于大都府。洪武十三年（1380），分大都督府为中左右前后五军都督府，京师及各地的都司、卫所，分隶其下，而上12卫亲军归朝廷掌管。至洪武二十五年（1392）全国有军队约120万人。二十六年（1393）定天下卫所，计有17个都司，1个留守司，329个卫，65个守卫

禾屯吉卫指挥使司印

千户所。全国共有180余万军队。兵士的来源一是"从征"，即原来朱元璋所指挥的部队；二是"归附"，即元朝和各割据势力降附的军士；三是"谪发"，即因犯罪被罚当兵的军士；四是"垛集"，即按人口比例从平民中征集的军士。凡充作军士的，其家称军户，世袭军籍。

屯田是明朝军队的重要职能。明代军屯规模巨大，制度完备，完全按照卫所编制单位进行。军屯成绩的好坏，也是考核卫所官军的重要内容之一，所以明代的军屯，其规模制度、实施等方面都达到中国军屯史上的高峰。洪武二十六年（1393），全国各地共有军屯田89.3万多顷，占全国耕地数的十分之一以上。朱元璋曾说他养兵百万，不费百姓一粒米。

卫所兵制以及相应制定的军户世袭制和军士屯田制，三位一体，对明前期"寓兵于农，强兵足食"起到巨大的促进作用。随着明后期军丁、屯地、屯粮比例的严重失调，卫所制逐渐失去了它应有的作用。

 ## 明行户口制

明朝建立后，朱元璋为了建立有效的赋役制度，打击地主隐匿田产、户口以逃避赋役的行为，对全国户口和耕地数额进行了认真清理、统计，编制了赋役黄册和鱼鳞图册，形成了严密的户口和财产登记制度。

洪武元年（1368），朱元璋下令在各地作战的总兵和地方官员注意收集户口版籍。同年制定"均工夫"役法，并编制了应天18府州、江西九江、饶州、南康3府的均工夫图册。洪武三年（1370）又下令实行户帖制，按户登记姓名、籍贯、年龄、丁口、产业，制成户帖发给各户，全国户籍则汇总于户部。在江南一些地区还试制了"小黄册"。

明政府还十分重视对全国土地的查核。洪武元年（1368）派员到浙西核实田亩，攒造鱼鳞图册。后又派国子监监生武淳等人到各地丈田绘鱼鳞图。

鱼鳞图册按"随粮定区"原则，以税粮万石为一编造单位，称一区。每区土地经丈量后，绘成图册，册上载明所有田亩方圆、四周界至、土地沃瘠、户主姓名。因总图形状像鱼鳞，故称"鱼鳞图册"。

黄册以户为主，以人为经，以田地为纬，田各归其业主，是征派赋役的依据；鱼鳞图册以田地为主，以地域为经，以人为纬，是解决土地纠纷的凭证。两种册籍相互配合，相互补充，相互核对，相互牵制，构成一套完备严密的户口、田地和赋役管理制度。

置殿阁大学士

明洪武十五年（1382），太祖朱元璋罢左右丞相后，又仿宋制设置殿阁大学士作为皇帝的顾问。朱元璋先后任命礼部尚书刘仲质为华盖殿大学士、翰林院学士宋讷为文渊阁大学士、检讨吴伯宗为武英殿大学士、典籍吴沉为东阁大学士。几日后又设立文华殿大学士，命耆儒鲍恂、余铨、张长年等充任，辅导太子，秩皆正五品，职权是侍奉天子左右，以备顾问，于政务无关。

虽然朝廷设置了诸多大学士，但先后任职的大学士们的结局是悲惨的，他们或致仕归里，或坐罪被贬，任期多则年余，少则数月。任期如此短促，加之选官或续或辍，又多为年逾古稀的耆儒，即使全是怀才有抱负之士，也难有施展才华的机会。而且在皇权高度集中，又有翰林、春坊详看草奏，兼司平驳的条件下，殿阁大学士的作用微乎其微。因此，殿阁大学士的设立，其意义不过在一定程度上填补罢中书省、废丞相及四辅官设而复辍之后，在组织形式上出现的空白。但此举却为成祖朱棣创建内阁制度奠定了基础。

内阁体制形成

明太祖朱元璋废中书省,罢丞相,暂时缓和了皇权与相权的矛盾,但由此也给独裁皇帝本人带来了很多困难。当时社会经济亟待恢复;重建统一大帝国的军事征战尚在进行。但面对繁重的公务,就必须建立起一个有效率的辅政机构。

废除丞相制八个月后,明太祖仿照古代四时命官之制,置春、夏、秋、冬四辅官,命老儒士王本等人出任此职,专门"协赞政事,均调四时",官秩正三品。四辅官实行不到两年,明太祖所任辅臣"惇朴无他长",不足为用,下令废止。在废四辅官之后,又仿宋代制度,设置殿、阁大学士。官秩为正五品,任务是"侍左右,备顾问",不参予机密决策,一切军国大计仍由明太祖亲自定夺。

明代监察御史王抒的象牙腰牌(正反面)

废丞相而立四辅官，四辅官罢而置殿阁大学士。官制不断更新，品位却愈为卑下，由正一品降为正三品，再降为正五品，权责亦日为缩小。虽然他们的作用有限，但无疑为明代内阁制的建立提供了原型和模式，可视为内阁的萌芽时期。

明成祖即位之初，根据四辅官和殿阁制的雏形，特别简任翰林院侍读解缙等入文渊阁，称为"入阁办事"，并预机务，谓之"内阁"。内阁之名，以及阁臣参予机务，由此始。当时入阁者，俱为翰林院官，专理诏册和制诰，阁臣的官秩高者不过正六品，低者止从七品，后始渐升为正五品。由此可知，在内阁建立之初，阁臣的品位很低，不能置官属，不能干预诸司。名为参予机务，实则没有决策权，既无决定各部、院的政务，也很难改变皇帝的意见，根本抑制不了皇权的膨胀。自仁宗、宣宗到英亲初年，是明代内阁权力、地位和作用迅速提高的关键时期。仁宗即位，杨荣、杨士奇等原为东宫旧臣，进杨荣为太常寺卿兼华盖殿大学士不久，又晋杨荣、杨士奇为尚书，自加官少师、少傅、少保。从此，入殿阁加者多为尚书、侍郎，多为一、二、三品，未加升而止袭大学士者仍为正五品。随着内阁大学士品位的提高，其地位与权力也相应变化，因职渐崇，权力益重，令人刮目相看。内阁由最初的文学侍从机构变为凌架于部、院之上的中枢政务机关，真正起到参与决策核心机密的作用。

产生于明代的内阁，是中国封建社会晚期官制的又一个重要变化，是明太祖废除丞相制的产物，也是为了适应君主极权政治进一步完善的需要。他助长了封建皇帝的惰性，对社会进步没有什么积极意义。

官员服装实行"补子"

对官员服装实行"补子"制始于明初而终于清末。

在中国古代封建社会，官员的服装基本上有一定的规制以表示身份、职位等。于是，上层社会的官服作为权力的一种象征历来受到统治阶级的重视。明代对官员的服装进行改进，样式近似唐代圆领服而尺寸宽大，盘领右衽，两侧多出一块，称"摆"，衣料多用丝、纱、罗、绡，但颜色花纹有区别。其中最具特色的是对官员服装实行"补子"制度以表示品级，而有"补子"的服装便被称为"补服"。

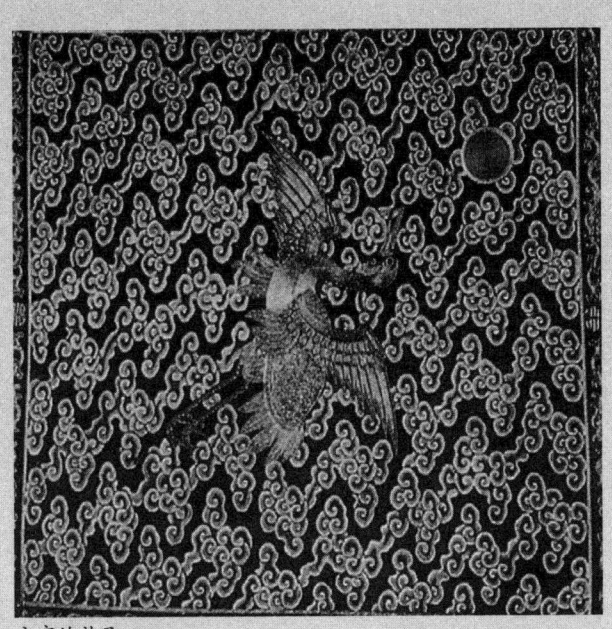

文官的补子

武官补子纹样

文官补子纹样

"补子"是一块40-50厘米见方的绸料,织绣上不同纹样,再缝缀到官服上,胸背各一,其源于元代的胸背。"补子"图案一般文官用禽鸟纹,武官用走兽纹,各分九等,容易识别。在明代对"补子"品级图案的规定有一定的限制,但不太严格,一些舞、乐、工、史等杂职人员也可用杂邻、杂花"补子",官眷、内臣还可用"应景补子",如正月十五的"灯景补子"、五月的"五毒艾虎补子"等。明代官员服装一至九品的"补子"纹样,文官分别为仙鹤、锦鸡、孔雀、云雁、白鹇、鹭鸶、黄鹂、鹌鹑等;武官分别为狮子、虎、豹、熊罴、彪、犀牛、海马等。明朝实行官员服装"补服"制,从而使官员之间等级明显,有利于统治阶级的正常管理。

武将戴的补子

兵部尚书于谦创设团营制

景泰三年（1452）十二月五日，兵部尚书于谦创立团营后绘图呈进，获景帝批准，并下诏由于谦、石亨等负责提督团营。

当时京军共有三大营，自英宗北还之后，于谦认为议和并不足靠，应该自己图强。考虑到营政久弛，三大营之间难以统一协调，尤其是在有边警时，临期调拨，兵将平日互相不熟悉，将不识兵，兵不识将，甚至连姓名都不知道。于是于谦选三大营军十万人，分为五营团操，名为"团营法"。

以五十人为队，队有长，百人为两队。千人有把总，五千人有都指挥。一年后又增加五万兵，并前五营为十团营，每营置都督一人，都指挥三人，把总十五人，指挥三十人，每队置管队官二人。仍各由武臣、内臣往来提督。

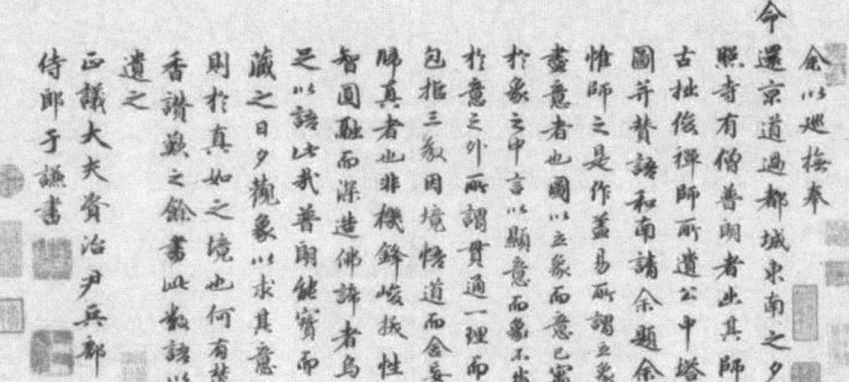

于谦《题公中塔图赞》

其余军不在团营者，归本营训练，以卫护京师，名曰"老营"。于谦改革了京军旧制，整肃军纪，使之面目一新。

天顺元年（1457）朱祁镇（英宗）复辟，于谦被诬杀，团营就此停止。

 ## 宪宗重建团营

明天顺八年（1464）三月，宪宗朱见深重建团营。

团营始自于谦。英宗复辟后，罢而不设，恢复了京军三大营之制。宪宗朱见深即位后，采纳了会昌侯孙继宗等的建议，于天顺八年（1464）三月二十五日，从五军、神机、三千等营中，挑选出壮勇官军12万，重新建立团营，分为十二团，分别称作：奋勇、耀武、练武、显武、敢勇、果勇、鼓勇、效勇、立威、申威、扬威、振威，又命侯、伯、都督等官坐营团练。四月十三日，召郭登总神机营。定西侯蒋琬奋武营，太平侯张瑾耀武营，广平侯袁瑄练武营，遂安伯陈韶显武营，广宁伯吴琮敢勇营，都督同知赵胜果勇营，都指挥同知鼓勇营，都督同和芮成效勇营，都督金事王瑛立威营，李杲申威营，鲍政扬威营、孙广振威营，各有协赞。宪宗又诏命孙继宗同太监刘永诚总管提督，每遇操练之时，仍派遣给事中、御史各一人巡察。自此，明代京营兵制又一变。

次年（1465）宪宗罢除团营，所选精兵仍回三大营。成化二年正月，宪宗又分十二营团练，于是团营又再建立，而其法也稍有变化。

八股文定型

八股文是明清科举制度所规定的一种应试文体。又称八比文、时文、四书文、制艺、制义等。

八股文源于唐代帖经墨义、宋代经义和元代八比法。明初对科举文体虽有要求，不过写法或偶或散无定规。到了成化年间，经王鏊、谢迁、章懋等人提倡，八股文逐渐形成比较严格的程式，定型下来。此后，一直沿用，由明前期直至清代戊戌变法，达400多年，随着科举制度停止而废除。

八股文要求文章必须有四段对偶排比的文字，共包括八股。全文由破题、承题、起讲、入手、起股、中股、后股、束股、大结等部分组成。"破题"两句，说破题目要义；"承题"用四、五句，承破题之意引申而言；"起讲"开始阐发议论；"入手"引入本题，为议论入手处；"起股"用四、五句或八、九句双行文字开始发议论；"中股"是全篇重点，必须尽情发挥；"后

明代武人盔

明弘治年间阴刻绿龙碗

股"或推开，或垫衬，振起全篇精神；"束股"回应、提醒全篇而加以收束；"大结"为结束语。

八股文还有其他规定：题目一定要用《四书》、《五经》的原文；内容的阐发必须以朱熹的《四书集注》等程朱学派注释为准，不得擅自生发，独出新论；字数也有规定，如明朝用《五经》义一道，500字；《四书》义一道，300字，超过者即不及格。

八股文严重束缚思想感情，文章寡而无味，但它是所有官私学校的必修课，唯一用途是应付考试，除此外毫无价值。

明廷对西南推行"改土归流"政策

我国的西南地区,包括四川、云南、贵州和乌斯藏(即西藏),居住着苗、瑶、彝、傣、藏等民族,是明代边疆开发与建设的重点地区之一。这个地区与东北、西北一样,自古就是中国的边障。从元代开始,在西南建立了土司制度,以当地少数民族的领袖为土官土吏,俱由中央授以爵职,服从中央政府的领导,并向中央纳贡。这可以说是民族区域自治的一种形式。明王朝建立以后,在沿袭元代旧制的基础上,对土司制度进行了充实和改革。主要有:首先,专门设立土司的官署和官职。其名目有宣慰司、宣抚司、招抚司、安抚司、长官司,以及土知府、土知州、土知县。这些土司的官员,大多是各族大小首领世袭,但必须由中央政府任命批准,并发给委任状和印信。其次,对土司的控制进一步加强。中央政府除了征收土贡之外,还加征其赋税。而土司除有守御地方之责外,还要随时听从中央政府的调遣,接受地方行政长官的节制。

这些土官因为是世袭的,他们的割据性特别强,常常因争夺财产和土地而互相仇杀火并,反抗明朝政府。明政府在平定这些战乱后,在条件成熟的地方就裁撤土司,改设可以调任的"流官",这种办法称为"改土归流"。

永乐十一年(1413)贵州思南、思州发生相互火并,明政府派兵平息,分其地为八府四川,设贵州布政使司,同时,对土官制度予以革新,"府以下参用土官",实行"流土合治"。进而由"流土合治"而实行"改土归流",废除土司,权归流官,推行与内地相同的地方行政制度。这是明政府边区政治体制的一次大变革。明统治者实行"改土归流"的目的,是为了便于对边区的直接统治。但在客观上却有利于边区地方经济的发展,对当时少数民族地区社会制度的转变,起到一种催化剂的作用。在明代,"改土归流"较大

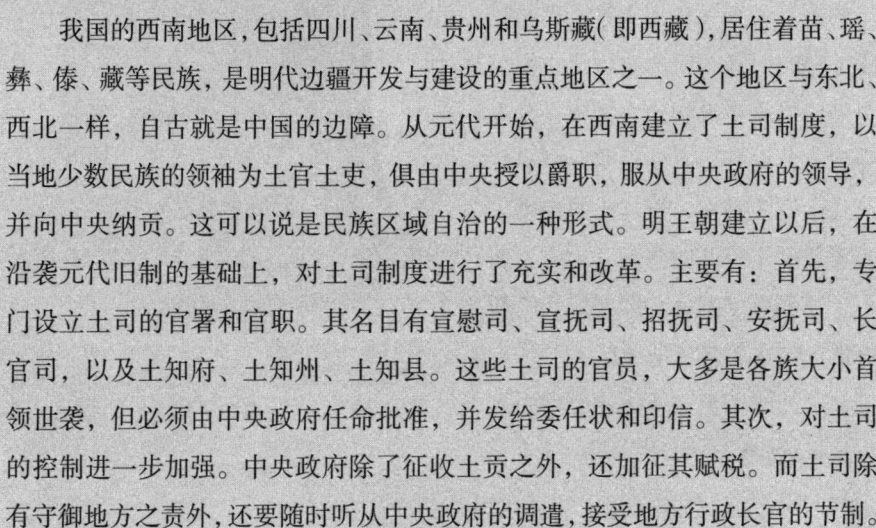

规模的只有两次。

但是,明朝政府在推行"改土归流"政策时,因少数民族上层分子的反抗,不断出现反复。明弘治八年(1495)"改马湖府为流官知府",但以后迫于少数民族上层分子的捣乱,重又任用土官。嘉靖三年(1524)马湖府两次归流,但结果是"流官再设而土夷随叛,杀人夺地比昔更甚",使得明政府只好改任土官为知府,恢复土司制度。土司制度不仅面向贵州、云南、四川,还推广于湖南、湖北以及广西等地少数民族聚居的地区。

"改土归流"政策比较彻底和大规模的推行,则是在清朝时期。

爨文刻铭。爨文是中国彝族先民使用的一种表意的单音节文字。图为贵州省大方县发现的明成化二十一年的铜钟,钟面有铸爨、汉两种文字,是现存最早的爨文文献。

爨文

科举制度鼎盛

科举制度始创于隋朝，形成于唐朝，盛行于明朝，持续至清末，在中国存在了1300多年。它是中国封建王朝设科考试用以选拔官吏的制度。

明朝立国之初，即注意搜罗和培养人才，一面开科取士，一面又重视设立学校，太学为明初培养了相当数量的封建官吏。然而不到几十年，明宣宗以后科举及第升官机遇以绝对优势压倒太学，这是科举制度在明朝达到鼎盛的一个表现。从表面看，似乎学校与科举并重，或学校与科举融为一体，但实际应科举的人多在家读书，并不进学校，使学校有名无实。即使学校认真教育，其目标及内容都与科举有直接关系，学校实际上变成科举的预备场所，成为科举的附庸。

科举制度在明朝达到鼎盛的另一个表现是非科举不得做官。

从明中叶起，非进士不入翰林，非翰林不入内阁。南北礼部尚书、侍郎及吏部右侍郎，非翰林不任。进士一选庶吉士，就被视为未来之宰相。所以在明代，入学中举，考中进士，谋得高官厚禄，已深入士人之心，大大超过唐宋两代，一直延续到清末。

明代科举制度鼎盛的又一个表现是开始盛行以八股文取士。八股文取士产生于明宪宗成化年间（1465～1487），八股文每篇由破题、承题、起讲、入手、起股、中股、后股、束股八部分组成。八股文这一特殊文体对明、清400余年的教育与学风有极大影响。

科举制度自隋创以来，经过唐宋之发展，至明代达到鼎盛，并且定型。明洪武十七年（1384）规定每三年举行一次，考试的程序分为地方考试、省级考试和中央考试，从此至清末成为定制。

地方考试称为"院试",考生先参加知县或知府主持的县试或府试,录取后再由中央派往各省的学台主持院试。院试录取者即称秀才,秀才可以不出公差并免纳田粮,秀才每年由学台考试一次,叫做岁考,作用是督学。大试之年的前一年,由学台主持科考,府、州、县等的生员经过科举成绩列为一等、二等和三等的前3名的准予参加省城乡试。

省级乡试逢子、午、卯、酉年举行。考试分3场,每场3日,例定八月九日为第一场,试以《论语》文一,《中庸》或《大学》文一,《孟子》文一,五言八韵诗一首。十二日为第二场,试以五经文一。十五日为第三场,试以策问5道。三场皆先一日入场,后一日出场。科举考试中的常科是定期考试,乡试录取者称举人,第1名举人称解元,举人可于第2年进京参加中央考试。

中央考试的第一步为在礼部举行的会试。逢辰、戌、丑、未年的三月举行,共试3场,每场3日,3场所试项目同样是四书文、五言八韵诗、五经文及策问,会试中者称贡士或中式进士,第1名称会元。会试后,于四月二十一日

北京成贤街

明仇英《观榜图》

举行殿试，凡贡士均参加殿试，试后根据成绩重新排列名次，殿试只考策问，策问答卷的起收及中间的书写均有一定格式及字数限制，并且强调书法。书写的字体要求黑、大、圆、光，即字体方正、笔划光圆、墨色乌黑，当时称为院体或馆阁体。殿试只一天，贡生必须以大部分时间用于安排格式、计划字数及书写上面。殿试依成绩分为三甲，一甲三人称进士及第，二甲若干人为进士出身，三甲若干人为同进士出身。一甲第1名称状元，如果乡试、会试、殿试均考取第一名，俗称连中三元。一甲第2名榜眼，第3名探花，合称三鼎甲。殿试一甲三名立即授职，状元授翰林院修撰，榜眼、探花授翰林院编修，其余二甲、三甲进士再经朝考，综合前后成绩，择优选翰林院为庶吉士，俗称翰林。余者分发各部任主事，或分外地任县官。

武科试士内容，与文科不同，以技勇之重，初试马上箭，二场试步下箭，三场试策一道。

科举的考官据考试级别分中央和地方两级。

中央及两京的主考官主要由翰林官充任。各省考官则先由儒官、儒士内聘明经公正者充任，后景泰三年改为由布、按二司与巡抚御史推现职教官主试。景泰五年开始全部用翰林充会试的考官。

明代科举制度的鼎盛，对于选拔才识之士，维护封建统治起了重要作用。像于谦、海瑞、张居正、史可法等历史名人就是科举选拔而得到重用的。但同时科举制度也有不少弊端，明中叶八股文的盛行，更是败坏了学风。

 更定刑部条例

弘治十三年（1500）二月，明孝宗听从给事中杨廉的建议，更定刑部条例。

明朝立法创制都在朱元璋时代。洪武、永乐年间定下制度，司法部门断案，必须依律拟议，不许妄引条例。英宗、宪宗之后，不法之吏往往舍律用例，以便乘机收受贿赂，贪赃枉法。因此条例日益繁琐。到孝宗时，才有删繁就简的举措。弘治八年（1495），应鸿胪寺少卿李鐩的请求，孝宗命令刑部尚书彭韶删定问刑条例。弘治十三年（1500），给事中杨廉再次上书说：高皇帝朱元璋曾命令刘基、陶安等详定律令，并且立法贵简，如果条例繁多，可轻可重，就容易滋生奸弊。100多年来，律行已久，条例日益增多，现在应该让有关部门修订，删除其中繁琐的部分。孝宗采纳此项建议。刑部尚书白昂会同九卿商定，选择便于操作执行的条例计290余条，与律同时施行。当时孝宗所任刑官如何乔新、彭韶、白昂、闵珪等执掌法律，断案都比较公正清明，至于廷杖、田狱等惨酷的事情，整个弘治时代都没有发生过。而东厂、西厂、锦衣卫也没有敢横行不法的，其负责人罗祥、杨鹏也只是奉职行事而已。

 ## 江西请行一条鞭法

　　隆庆二年（1568）十二月，江西巡抚刘光济奏请实行一条鞭法。

　　嘉靖初年，赋役繁苛，人民起义不断发生，各地官府为稳定封建统治，对传统赋役制度进行改革，将各种名目的赋役并为一条，简称"条编法"或"一条鞭法"。嘉靖末年，海瑞、庞尚鹏曾在东南地区试行一条鞭法，效果显著。刘光济请行一条鞭法的主要内容是先将赋与役分别归并，再将对人民扰烦最严重的役逐步并入赋内；里甲改为每年编派一次，赋税和徭役普遍用银折纳，征收起解由人民自理改为完全由官府办理，免去一切烦琐手续。刘光济在江西实行一条鞭法，人民称便，也增加了当地政府的财政收入，在一定程度上缓和了阶级矛盾，同时也为万历九年（1581）张居正在全国推行一条鞭法提供了经验。

张居正改革

张居正自逐走高拱出任内阁首辅后,为扭转嘉靖、隆庆以来军政腐败、财政破产、民不聊生、危机严重的局面,以除旧布新,振纲除弊和富国强兵为宗旨,在政治、军事、经济等方面进行一系列的改革。

在整顿吏治方面,张居正认为明中叶以来,"吏治不清,贪官为害","吏不恤民,驱民为盗",因此为政必须"尊主权,课吏职,信赏罚,一号令","凡事务实,勿事虚文",故于万历元年(1573)十一月十八日奏请明神宗实行章奏考成法。章奏随事考成,一切以事之大小缓急为限,误者抵罪。考成法实施以后,政府各部门的办事效能得到提高,抚、巡的职掌也分清了。张居正还加强对各级官员的考核,做到"月有考,岁有稽",法必遵行,言必有效,使大小官员不敢玩忽职守,一切政令"虽万里外,朝下而夕奉行"。

在整饬边防方面,张居正重用抗倭名将戚继光镇守蓟门,李成梁镇守辽东,整顿边防,并主张各民族友好相处,支持王崇古的建议,改善同蒙古的关系,封鞑靼俺答为顺义王,在大同等地开设茶马市,与蒙古进行贸易,从而使西北边塞

张居正像

20多年平静安定，北部边患得以解除。

在整顿经济方面，张居正针对官僚地主侵占土地逃避赋役、人民负担加重的情况，提出在全国清丈田地，对各府、州、县的勋戚庄田、职田、屯田、民田一律重新清丈，并任用户部尚书张学颜主持清太田地。丈量土地始于万历六年（1578），结束于万历九年（1581）。结果使全国纳税的土地从弘治年间的400多万顷上升到700多万顷，增加了国家的田赋收入。万历九年（1581），张居正下令在全国广泛推行一条鞭法，"总括一县之赋役，量地计丁，一概征银，官为分解，雇役应付"，这是中国赋役制度史上一次重大的变革，有利于减轻农民的负担和商品经济的发展。同时，张居正还下令裁减驿站及冗员，节省财政开支。

在兴修水利方面，张居正重用治河专家潘季驯治理黄河和淮河，使黄河水不再入淮，大大减少了水灾，保障了农业生产的正常发展。

经过10年的努力，张居正的改革措施多数得到实施并取得显著成效，"海内肃清，四夷詟服，太仓粟可支数年"，"天下晏然"。但却受到官僚大地主的反对和抵制。万历十年（1582）张居正一死，改革也随之终止。

 ## 顺治亲政·进行一系列改革

顺治八年(1651)正月十二，顺治帝福临亲政，御太和殿，接受诸王、贝勒、大臣庆贺表文，并颁诏大赦。此后，顺治在跌宕起伏、纷繁驳杂的十年亲政中，采取了一系列改革措施，有效地巩固了自己的统治。

顺治亲政后，首先削夺了大臣的权势，实施集权制。顺治亲政前，早已深虑多尔衮擅权之患，亲政后鉴于济尔哈朗等大臣企图以元老重臣的身份把持朝政大权，甚至着手先断诸司衙门的奏章，毅然作出决定：以后大臣的一切奏章全部要呈递皇帝，不许再送交和硕郑亲王济尔哈朗。从此，顺治帝就

顺治年间档案

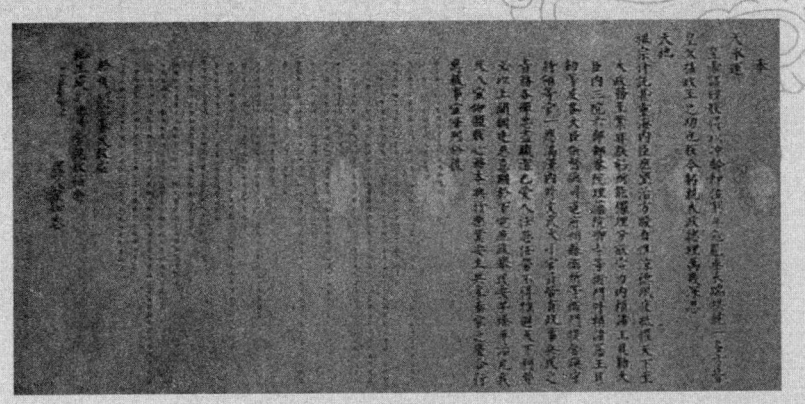

顺治亲政时，向全国颁布的诏书

一直将治理国家的大权紧紧掌握在自己的手中。

在用人方面，顺治一改多尔衮时期对汉官的猜疑、压制的态度，十分注意笼络和依靠汉官。顺治九年(1652)四月，他谕旨宣布，为防止诸王大臣因循怠玩，允许满汉官吏互相参劾。次年六月二十七日，他又提出，内三院为机密重地，事务殷繁，应选举贤能之人任职，并特别指明每院应设汉官大学士二员。根据这一指令，大学士由原来的 7 名增至 14 名，顺治十年(1653)又增至 17 名，其中除两名满人外，其余都是汉官。顺治帝还突破了汉官不得掌印的旧规，从而提高了汉官的地位。顺治十五年(1658)七月，顺治谕示吏部，命将满汉官员的品级划一，从而使清廷官制重新设定。顺治十六年，顺治帝又正式下令：今后各部尚书、侍郎等官，不再分满汉，谁受事在先，就由谁来掌印。这就改变了历来各衙门奏事只有满臣、不见汉臣的局面，显著提高了汉官在清廷中的地位，从而使汉官发挥着越来越重要的作用。

大刀阔斧的整顿吏治是顺治亲政后采取的又一重大措施。顺治九年(1652)，顺治帝推行亲察制度，对京城内中央机关的官员进行考核。次年初，他又根据大臣的建设，开始"大计天下"，即对各地的大小官员普遍进行甄别考核。不久，他又进一步将大计制度化，规定每三年举行一次。顺治十年(1653)四月初五，顺治帝颁发谕旨，正式宣布实行京察。顺治十三年(1656)十月，清廷又制定了满官京察则例：满官三品以上自陈，四品以下由堂官考核送吏部、都察院；内三院之四品以下官，由部、院会同内院考察；六科掌印官由部、院考察，其余由掌印官考核送部、院。所有考察事宜，俱照八法处分。顺治十二年(1655)底，顺治帝在处理顾仁"坏法受贿案"后，深感法度太轻，贪官不绝，于是决定施行重罚惩治贪赃官吏。他郑重宣布，今后内外大小官吏凡受贿10两、衙役犯赃一两以上者流徙，赃重者分别处绞，家产入官。在此谕吏下，清政府处决了一大批贪官污吏。

此外，顺治又命兵部整顿驿政，以保障驿路畅通；推行恤刑条例，以体恤百姓；始行武举殿试，以选拔文武全才；制定行军律例，以整顿军纪；颁布并更定《逃人法》，以维护社会秩序，等等。

以上改革措施的制定与推行，充分体现了顺治的政治才干，使他成为清朝开国时期一位刻意求治、颇有作为的年轻皇帝。

建立密折制

为了加强皇权，有效地控制文武百官，康熙六十一年（1722）十一月二十七日，雍正帝登基后仅七天，就建立了密折制度。秘密奏折在康熙年间已经存在，是联系君臣的一种特殊文书，具保密特点。至雍正当朝，则形成制度化，规定前朝奏折必须缴回，不容抄写、存留、隐匿。此后多次颁旨，制定有关具体规章。可以上密折的人员，除科道官外，还有大学士、各部尚书、侍郎、总督、巡抚、布政使、按察使、提督、总兵等，以及皇帝的特准人员，如地位较低的知府、同知等。所言中肯，即命施行，如不适当，则留中不发。密折几乎全有雍正朱笔批语，称"朱批谕旨"。奏折和朱批谕旨是密折制度的主要成分。密折内容，除陈事外，还可用来举荐。上自军国重务，下至身边琐事，无所不包。凡上密折的人员，必须履行保密义务，密折经皇帝批阅发给本人看过后必须按期缴还，不得误期或私藏。此外，对于密折的缮折、装匣、传递、批阅、发还本人等程序，都有严密规定，不得紊乱。

　　密折制的建立，使雍正直接处理庶务，强化了垄断权力；使官员之间互相牵制，不敢妄为，成为推行政令的工具、控制百官的手段，影响深远。

完善摊丁入地制

　　清雍正元年（1723），九月，清廷批准了直隶巡抚李维钧的建议，决定自明年起在全国实行摊丁入地政策。摊丁入地，又称"地丁合一"、"丁随地起"，是雍正朝开始向全国推行的一项赋役制度的改革，旨在改变丁税的征收方法，

嘉庆十六年（1811）方汪氏卖地的地契

即将丁银摊入地亩一起征收。康熙朝时,实行的"滋生人丁永不加赋"政策,虽对无地和少地的农民有一定好处,但并没有解决赋役不均的问题。其时摊丁入地制已在四川、广东等地有所萌芽,但由于地主的反对,这一措施未能向全国推广。现在各地巡抚的反复要求下,雍正帝终于下决心在全国实行摊丁入地的政策。具体办法是:把各省丁税原额分摊在各州县的土地上,每地税一两分摊若干丁银,自一二钱至七钱不等。这种方法使有田者增加赋役,贫者免役,改变了过去丁役不均、放富差贫的现象。

"摊丁入地"在全国实施后,立即遭到了地主阶级的强烈反对,浙江、直隶、山西等地都发生了地主闹事事件。他们或聚集于官府前滋扰喧闹,或转向农民大辐度加租。但是,由于雍正帝决心已定,不可动摇,在他的坚持下,这项改革得以贯彻到底。全国范围内的摊丁入地到乾隆后期基本完成,只有山西省的某些州县到光绪时才最后解决。

开始发养廉银

雍正二年(1724)七月,雍正帝在下令推行"耗羡归公"的同时,还实行了"养廉银"制度。

"耗羡"是指征收赋税、交纳钱粮时对合理损耗部分的补贴。"耗羡"在归公之前,均由地方官私征私用,实行耗羡归公后,耗羡的征收完全合法,但收入不归州县官,而属布政司,这就使地方官失去了一条生财之路。为了防止官吏再对百姓征收额外费用,以致出现新的贪赃枉法行为,雍正帝决定实行"养廉银"制度,即在正俸之外,从耗羡归公部分提取一些给州县官作为生活补贴及办公费用,实行养廉银制度之后,官吏们可以得到几倍甚至几十倍于正俸的收入,对减少贪污起到了一定作用。

改土归流运动开展

改土归流是清统治者在西南地区实行的地方行政制度的改革,即废除土司,而代之以流官的统治。

云南、贵州、广西等少数民族聚居地区,自元、明以来多实行土司制度。土司制度发展到清代,已进入了它的没落时期。土司制度不仅阻碍了封建经

进贡图。表现了清代官府收授少数民族贡品的情景。

彝族副长官司之印

济的发展，而且不利于国家的统一和巩固。随着清政权的确立和稳固，解决土司问题即提到了议事日程。雍正四年（1726）九月，云贵总督鄂尔泰正式提出改土归流建议。雍正帝决定推行改土归流。

这次改土归流可以分为前后两个阶段。第一阶段是从雍正四年到九年（1731），主要靠武力征服，改流重点在云贵，大批土司在这期间被废除。分别在乌蒙、镇雄改设乌蒙府（后改称昭通府）和镇雄州（今镇雄县），在广西泗城改设永丰州，在贵州吉州江流域、小丹江流域和八寨设厅，设置同知管理民事。第二阶段是雍正九年以后，改流重点集中在四川、湖广、广西，并进行了大量的善后工作。此次改土归流规模极大，共废除土司约153个，改流之地所设流官121个，所涉及的地区共44个府（包括直隶厅州），所涉及的民族共计19个。

改土归流打击了土司割据势力，减少了叛乱因素，促进了国家的统一、边防的巩固，同时促进了西南地区封建经济的发展，以及文化教育事业的发展。

雍正推广官话

雍正帝即位以后，经过几年的观察，有感于一些地方官员因不能讲官话影响治理地方，于雍正六年（1728）八月六日，下谕推广官话。谕示中说：官员有临民之责，其语言必须让百姓共晓，才能通达上下之情，进而把政务办好。因命福建、广东督抚转饬所属各府、州、县有司及教官遍为传示，多方教导，务期语言明白。此外，雍正帝还要求两省有能力之家，延请官音读书之师教其子弟，然后转相授受，并且作出规定，以8年为限，凡童生不能如期学会官话，则不许参加科举考试，直到学会官话为止。

龚自珍为变法张目

龚自珍（1792~1841），又名巩祚，字璱人，号定庵，浙江仁和（今杭州市）人。出身于世宦之家，是著名《说文》学家段玉裁的外孙，自幼接受清乾嘉学派古文经学的学术熏陶。由于痛感社会的深重危机，他自觉摒弃了祖训和外祖的学术传统，转而研究"经世之学"，关注现时政治。28岁时，他师承常州今文经学派理论奠基人刘逢禄，治"公羊学"，博览群书并熟谙掌故和古代典制，长于地舆之学。由于权贵的阻挠排挤，38岁才中进士，一直担任内阁中书、礼部主事等闲职，无法实现自己的政治抱负，10年后即辞官南下，在杭州、丹阳等地讲学。鸦片战争爆发的次年，他病逝于丹阳。

心怀救民治国"理想"的龚自珍，一生著述甚丰，青年时代，为抨击时政而写下著名的《明良论》、《乙丙之际著议》等政论文章；因感到西方列强侵略威胁的日趋严重，他写下《东南罢番舶议》和《西域置行省议》及《蒙古图志》等地理著作。在经学方面更是硕果累累，《六经正名》、《六经正名问答》、《春秋决事比问答》在其文集中占据了很大篇幅。此外还有大量的政论、诗文。他的诗文，半是对旧制度行将就木的挽歌，半是对新社会力量的召唤。在封建社会向半封建半殖民地社会过渡之际，他是眼光开放、思想清新、具有维新变法思想的先驱之一。

龚自珍主要提出了"更法"的社会变革主张。他的"更法"主张主要有以下几点：首先，他主张修订封建礼仪制度，变通以资格考官的陈规，加重内外大臣的权威。他指责封建专制的反动统治，带来了大小官吏士气不振、苟且偷安、吏治败坏的社会弊病，"官益久，则气愈偷，望愈崇，则谄愈固"，导致了国运衰微的局面。其次，他提出了具有重大政治意义的经济改革主张。一是反对豪族地主的土地兼并，二是顺应资本主义的发展，采取若干富国富民的措施。针对豪族地主的土地兼并，他指出："小不相齐，渐至大不相齐，大不相齐引至丧天下。"也就是说土地兼并的后果必将引起社会动荡，导致封建王朝的覆亡。进而，他提出"田相齐"以缓和、调整阶级矛盾的政治主张。为顺应资本主义的发展，他提出了有利于发展富农经济的"役于圃"和有利于发展商品生产的"役于市"的主张。支持土地自由经营，实行农业雇佣劳动，发展城乡商品经济，大力提倡蚕丝、棉花生产，反对鸦片、奢侈品进口等。第三，龚自珍的"更法"主张，渗透着反对外国资本主义侵略的爱国思想。他对鸦片输入深恶痛绝，坚决支持林则徐的禁烟运动。针对投降派的破坏活动，他曾对林则徐说："奥省僚吏中有之，幕客中有之，游客中有之，商估中有之，恐绅士中未必无之，宜杀一儆百……此千载之时，事机一跌，不敢言之矣！不敢言之矣！"最后，为了"更法"的实现，他对新人新事的出现寄予希望。他期待社会变革，希望出现一批立志改革的人物，借以改变死气沉沉的国度，使祖国获得新生。

龚自珍的"更法"思想，为后来的维新变法运动起到了鸣锣开道的作用。

《天朝田亩制度》规划"天国"理想

咸丰三年（1853），太平天国定都天京（今南京）后颁布《天朝田亩制度》。

《天朝田亩制度》以改革土地制度、解决土地问题为中心内容，其指导思想是"凡天下田，天下人同耕……务使天下共享天父上主皇上帝大福，有田同耕，有饭同食，有衣同穿，有钱同使，无处不均匀，无人不饱暖。"它根据土地单位面积产量的高低将土地分为九等，按照各户人口的多少，不论男女，平均分配；好田坏田，搭配平分，人多地少与人少地多的地区相互调剂；16 岁以上的人分全份，15 岁以下的人分半份，使各户所分的土地在人均数量和土地质量上完全均等。这种土地制度体现了农民阶级对土地的强烈渴望，显示了太平天国对土地问题的高度重视。它强调男女平等，无视旧的阶级、等级与旧的土地占有关系的限制，实际上是对封建地主阶级土地制度的直接否定，具有强烈的反封建性。

在社会产品的分配和消费上，《天朝田亩制度》主张"人人不受私，物物归上主"，"天下大家，处处平均，人人饱暖"。以 25 户组成一"两"，

《天朝田亩制度》书影

每两"设国库一"。各户所产谷物除留足自食外，余皆归国库，其它麦、豆、苎麻、布帛、鸡、犬各物及银钱亦然。"所有婚娶弥月喜事，俱用国库，但有限式，不得多用一钱。如一家有婚娶弥月事，给钱一千，谷一百斤，通天下皆一式"。鳏寡孤独废疾者免其劳役，以国库奉养。在婚姻上，它主张废除旧例，移风易俗，婚姻不论财。

在社会组织上，《天朝田亩制度》主张仿照太平军的建制建立生产、军事、行政、宗教合一的社会组织，要求把分散的农户组织起来，以五户为一伍，五伍为一两，四两为一卒，五卒为一旅，五旅为一师，五师为一军，一军合 13156 户。"两"的首领（两司马）至军的首领（军帅）由本地人充任，军以上的官员由太平天国委派。在这种组织下，人人都有保举奏贬各级官员的权利，但"功勋等臣，世食天禄"。各级组织都实行军事化的长官集权制。

《天朝田亩制度》实行严格的小农自然经济，它以一户为一个生产单位，"力农者有赏，惰农者有罚"。农事之外，种桑养蚕，男耕女织。并且具体

规定各户都养"五母鸡，二母彘"，其他陶冶木石等匠也由农人担任，于"农隙治事"。户户自给自足，无生产分工，无商品交换，描绘了一幅农民阶级理想的小农经济图景。

《天朝田亩制度》较系统地表达了太平天国的政治、经济和社会生活要求，把以往中国农民起义提出的"均田"、"分地"思想发展到了前所未有的水平。但是，由于它要求废除一切财产私有，排斥一切社会分工和商品经济，实行绝对平均主义，因而只能是不切实际的幻想。它只是在颁布初期，由太平天国中央通过政权力量在南京城内实施。咸丰四年（1854），即开始实行"照旧交粮纳税"政策，实际上废止了《天朝田亩制度》。

 ## 洋务运动展开

19世纪60年代至90年代，清政府内部洋务派官僚以"自强"和"求富"为标榜，在军事、政治、经济、文教及外交等方面开展了一系列的洋务运动，它是中华文明与西方文明碰撞后的第一次大规模的反应。

辱国的《北京条约》签订后，国门再次被打开，恭亲王奕䜣、大学士桂良、户部左侍郎文祥联名上奏，提出设立总理衙门，以适应列强对华外交的需要。咸丰十年（1860）十二月，清政府任命奕䜣、桂良、文祥为总理衙门大臣。奕䜣和文祥都是洋务运动的代表人物。之后，清政府还设立了南、北洋通商大臣，管理南北各通商口岸的商务和处理各种对外事务。南洋大臣一般由两江总督兼领，北洋大臣一般由直隶总督兼领。而两江总督长期由湘系曾国藩、曾国荃、左宗棠、刘坤一交替占据，直隶总督则长期由淮系李鸿章独占。这些湘、淮系官僚都有仿效西方、练兵自强的要求，而且身居要职，成为洋务派的中坚。

为培养与外国联系的翻译人员，1862年在北京设立同文馆。此后，又陆续派遣出国临时使节和常驻使节，这为与西方的沟通打下基础。洋务运动初期，以"自强"活动为中心，在镇压太平天国、捻军的同时，开始在天津、上海、广州、福州、武昌等地聘用外国教官、购买枪炮、训练洋枪队。同时，洋务派官僚在各地创办兵工厂，制造枪炮和船舰。如1861年曾国藩在安庆设立内军械所，标志着中国近代史上洋务运动的开始；1862年李鸿章在松江设立弹药厂，又在苏州设立洋炮局；左宗棠也在杭州试制枪炮和

曾国藩像

轮船。1865年，李鸿章将上海洋炮局大加扩充，成立江南制造总局，制造枪炮和轮船。同年，李鸿章又将苏州的洋炮局迁移南京，扩充为金陵制造局。1866年，左宗棠在福州创设福州船政局，专造轮船。1867年，崇厚在天津设立机器局，1870年由李鸿章接办。70年代后，西安、兰州、昆明、福州、广州、济南、成都、长沙、吉林、北京等地都先后设立了中小型军火工厂。兵工厂的设立，对改造清军的军事装备，促进中国军事科技的发展，起了一定的作用。为适应洋务日益扩大的需要，1872年清政府派遣第一期留美生，出国学习，开始了中国的留学教育。1875年，清政府又委派李鸿章、沈葆桢筹建北洋、南洋海军。洋务派在建立大批军事工业以后，既感资金的短缺，又感材料、燃料和运输的困难，因此他们在"自强"的同时，又提出"求富"的憧憬。从70年代到80年代，他们兴办了一批民用的工矿业和运输业。其中主要有：1872年李鸿章在上海创办的轮船招商局；1876年沈葆桢在台湾开办基隆煤矿；878年李鸿章在上海筹设机器织布局；1881年开平矿务局筑成唐山至胥各庄这条中国第一条铁路，同年李鸿章开办热河平泉州铜矿等等。之后，洋务派

张之洞像

还继续开办了一些工矿企业,并出现了以张之洞为代表的洋务派势力。张之洞任湖广总督后,在湖北建立了湖北枪炮厂、湖北炼铁厂、湖北织布局等新式企业,盛宣怀等人也积极参与了这一时期的洋务运动。这样,洋务运动就在全国范围内展开了。

洋务运动在中国的军事、经济、科技、文化和教育等方面取得一定的发展成果,使中华文明开始具体地进入到一场学习西方的运动,改变了中华文明几千年来封闭自省的格局,并使之面向世界,汇入世界文明的大潮中。但毕竟它只涉及社会的皮毛,没触动社会的根本。随着中国在中日战争中的失败,洋务运动亦因国情等各方面与西方差距太大而告失败。

洋务教育鼎盛

进入19世纪70年代,洋务派进一步在中央及地方掌握了实权,占据了总理各国事务衙门及相当一批重要的督抚职位,因而得以大力推进洋务学堂的建设。从70年代至90年代初,是洋务教育的鼎盛时期。

19世纪70年代以后,一批近代化的军事工业及工矿、铁路、电报、船政企业陆续建成,清廷耗费巨资创建了南洋水师和北洋水师,亟需大批的工业技术人材,而水师官兵尤其需要进行近代化的海军技术操作、维修及作战知

富贵白头图轴（居廉）

识的训练，大批的军事学校及专业技术学堂正是为了满足这种客观需求才陆续建成的，这是促使洋务教育兴盛的原因。

洋务派中的首脑人物李鸿章重视科技之余，也极重视科技人才的培养，他坦言承认"洋学实有逾于华学者"，对西方的教育制度表示敬佩，而痛斥中国八股取士制度之外，希望士大夫中关心时世者能留心西学，"有一二杰出，足以强国而赡军"。洋务教育的鼎盛与洋务运动主持者的重视与扶持不无关系。

洋务教育的发展，首先表现为对早期创办的洋务学堂的扩展和完善。以同文馆为例，本来目标是由"精熟西文"而进一步探讨西人所擅长的一切科技，但在早期师资单薄，学科单一，管理混乱，被办成一个初级外语学堂。进入70年代之后，正式订立了8年课程表，教师的设置趋于完善，开设了化学、天文、数学、地理、外国历史及军事等课程，配备了印刷所、实验室和博物馆，变成一所综合性的近代中级学院。

创建新校，扩大学校的种类，是洋务教育鼎盛的另一个标志。此时新式学堂已多达30余所，既有兼习西学的外语学堂，也有专攻电报、医学、铁路、矿务、工程的专业技术学堂，还有军械技术学堂，以及专门培养军事人才的水师武备学堂。新学堂中，军事教育以及与军事关系密切的专业技术教育，被置于绝对重要的地位，这也显示了洋务派在国家的军事、外交屡遭欺凌的情况下，立志自主自强的决心。

洋务教育鼎盛时期，不仅留学教育事业蓬勃展开，同时，图书、报刊翻译、出版事业也随之兴旺发达。中国教育迈出了走向近代化的第一步，培养出了中国最早的一批近代化人才。

在这段思想文化启蒙时期里，越来越多的明智之士已经厌弃"严夷夏之大防"的说教，他们主张树立各国平等相处的新观念，并以此为基础积极向西方学习。

但是，在整个国家教育体系中，洋务学堂所占比重很小，绝大部分青少年仍然在毫无用处的八股文中虚度自己最宝贵的年华；而洋务学堂的教育内容也过于偏门和单一。

盛宣怀大办洋务

从同治十一年（1872）开始，盛宣怀大办洋务，并进入政界，成为洋务运动后期的核心人物和具有强大政治权势的大资本家。

盛宣怀（1844～1916），字杏荪，号愚斋、止叟，江苏武进人。1870年入李鸿章幕，深得赏识。1872年被委为会办，参加创办轮船招商局，1885年升任为该局督办。此后并以大股东身份长期控制该局。1875年任湖北开采煤铁督办；1880年创办电报总局，任总办；1893年筹办华盛纺织总厂，任督办。与此同时，盛宣怀以办洋务成绩突出，在李鸿章的力荐下进入政界，1879年代理天津河间兵备道；1884年代理天津海关道；1887年任山东登莱青兵备道兼东海关监督；1892年任津海关道兼津海关监督，直至1896年。

甲午战争后，盛宣怀更大规模地兴办企业，其个人资产与日俱增。1896年以督办身份接管张之洞创办的官办汉阳铁厂和大冶铁矿、萍乡煤矿，改为官督商办；1908年改组为商办汉冶萍公司（全称为汉冶萍煤铁厂矿股份有限公司），自任总理，并为公司大股东。1896年受清政府委派督办中国铁路总公司，直至1905年；同年创办中国通商

盛宣怀像

银行。

然盛宣怀办洋务多以出卖国家利益为代价。他经办汉冶萍煤铁矿，连续与日本签订借款协议，以铁矿石低价输日作抵押，使公司债务累累，处处受制于日本。在督办铁路总公司任内，又与比、英、美等国签订铁路借款合同，致使几项铁路权落入列强之手。1911年5月，受清政府之命与四国银行团签订湖广铁路借款合同，把原已允诺商办的川汉、粤汉铁路权交给外国资本作抵押。此举激起四川、湖北、广东等地人民的强烈反抗，掀起声势浩大的保路运动，直接引发了辛亥革命的爆发。武昌起义后，盛宣怀逃往日本。1913年回国再任轮船招商局副董事长、汉冶萍公司董事长，并以公司财产作抵押，向日本大举借款。1915年，他策划筹组中日合办钢铁公司未果，次年在上海病死。

南洋公学创办

光绪二十二年（1896）二月二十六日，盛宣怀在上海徐家汇镇北创办南洋公学。中国近代自办高等学校，是以天津西学学堂和南洋公学的设立作为开端的。

何嗣焜任南洋公学总理，张焕纶为总教司。全校分设四院：师范院，即师范学堂，为我国第一所新型师范学校；外院，为师范院附属小学堂，分国文、算学、舆地、史学、体育五科；中院，是中学性质的学堂；上院，是大学性质的学堂。除师范院外，其他三院的学制都是4年。外院、中院、上院各设四班，每班学生30人，三级衔接，逐年递升。上、中、外三院三级制，成为近代大、中、小学三级制的雏形。

南洋公学的开办经费由招商局、电报局绅商捐助。最初的目的是培养通达中国经史大义的政治人材，实际培养的学生多数学习工艺、机器、制造、矿冶、商务等，其中优秀者被选送国外，留学深造。

辛亥革命后，南洋公学与其他学校合并，改名交通大学。

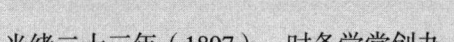

时务学堂创办

光绪二十三年（1897），时务学堂创办。

19世纪90年代，维新派在全国范围内创会办报的努力普遍遭受挫折时，湖南省方兴未艾的省政改革，却为维新派提供了在省级范围内实施改良主义教育的难得机会。

湖南当时聚集了一批具有政治改良思想倾向的官员，如巡抚陈宝箴、按察使黄遵宪等。连身为洋务派的湖广总督张之洞，也对省政改革有所支持。因此湖南新政运动一开展就声势夺人，在这次改革中，最引人瞩目的是教育领域的变化。谭嗣同首先将浏阳南合书院改建为浏阳算学馆，这对于发展湖南教育、设立新式学堂，起到了开风气之先的作用。

1897年，时务学堂创办，标志着湖南省政的教育改良运动进入了高潮，它以"广立学校、培植人才"为自强本计，并宣称"吾湘变，则中国变；吾湘立，则中国存"。雄心可嘉，显然是受到了日本江户末期萨摩、长州、土佐、肥前四藩率先变法进而推及全国的启发。梁启超任时务学堂总教习，宣传大同思想，要求青年学生"以保国、保种、保教为己任"，他制定学堂课程设置的指导思想为："中学以经义掌故为主，西学以宪法官制为归"。他还通过批改学生课卷，指责君主极权专制、鼓吹民权，见识敏锐，一针见血，大有发聋振聩之气势。

在时务学堂及其后创办的南学会的影响下，湖南教育领域风气大变，不到半年间，讲堂林立，学会纷设，可谓"民智骤开，士气大昌"。尽管后来维新派人士倡导的民权学说和其他激进的变法思想，引起守旧势力的不满，梁启超和其他康门弟子也被迫离湘出走，维新派在湖南发起的改良主义教育终告失败。但在维新派影响下，湖南各级科举考试注入了新内容，反映了湖南省士学风气的转变，证明改良主义在湖南的实施是颇有建树的。

改良主义办教育

中国在甲午海战中的失败宣告了洋务教育的失败，以康有为、梁启超为首的维新派，对教育问题采取了比洋务派更为激进的态度。他们主张对中国传统教育进行更彻底的改造，声言要废除八股，改革科举制；广开女学、倡导妇女教育的主张，也被梁启超提到了"富国存种"的高度。

1891年，康有为应弟子陈千秋、梁启超之请，在广州长兴里万木草堂开设讲席，揭开了改良主义教育实践的序幕。

康有为办学，目的在于培养变法骨干，宣传维新变法思想，扩大影响，在他的学堂里，不仅读《公羊传》等中国古书，还广泛阅读西洋诸书。有关声、光、化、电等科学著述及容闳、严复等人的译著和外国传教士李提摩太等人的译本，都在学习范围之内。

1895年之后，改良主义教育的实施以全国各地学会、报刊的创办及湖南新政中的教育改革为主要内容。这一年康有为等人在京创办了北京强学会，此后，风气渐进，学会林立，大有不可抑制之势。他们通过翻译新书、演讲、讨论和近似书院讲会的形式，鼓吹变法，倡导实学。这正是维新派人士所热衷的一种新的社会教育形式，弥补了书院教育和新式学堂的不足。正如康有为指出：学会的组织在于"开知识"、"开风气"、"大合群"。

1898年6月11日至9月21日的戊戌变法，为改良主义教育在全国范围内的实施提供了机会。教育改革是戊戌变法的主要内容之一。变法期间，康

康有为讲学处——广州"万木草堂"

有为等人有关改革科举和教育的奏本就达13部之多，内容包括：废除八股，改用策论，鼓励士人专研有用之学；专设经济特科；广设武备学校，仿照德日学制；劝励工艺；广译日本书，派人留学日本；在各省府州县乡广立大中小学校，普及教育；改造旧式书院学塾等。这些建议，几乎全被光绪皇帝采纳，并通过上谕的形式，得到朝廷的推广和实施。

改良派痛诋八股，认为它有误国害民三大害处：一为锢智慧，二为坏心术，三为滋游手。称只有"痛除八股而大讲西学"，才是唯一的救亡之道。维新派对一向被视为神圣不可侵犯的封建礼教，也提出了批判，并进而主张广开女学，实现男女教育平等，倡导男女平权。

改良派比起洋务派的重大进步在于：洋务派急功近利，只造就少数的专用人材；改良派却旨在建立普及教育的近代化国民教育体制。

在中西学关系上，改良派驳斥洋务派"中体西用"说和"政本艺末"说，充满了科学精神。但是，他们自身的矛盾在于：既不敢取消封建制度本身，却又必须进行有损于这个制度利益宗旨的改良活动，实际上正为其失败埋下了伏笔。

戊戌变法开展

光绪二十三年（1897）十月，德国强占胶州湾，激起全国人民的爱国义愤。康有为第五次上书光绪皇帝，陈述了民族危机的严重性，强调变法维新、救亡图存已刻不容缓。在上书中，康有为提出了三点具体计划：一、学习俄国、日本的变法经验治理国家；二、推举大量人才，并谋维新大业；三、听任边疆大臣各自变法维新。年底，康有为等在北京组成粤学会；次年，林旭等亦在北京成立闽学会；其他各省旅京人士也纷纷组织学会，维新变法的气氛日

光绪帝爱新觉罗·载湉（1871~1908）

光绪帝宠妃珍妃（1876~1900），支持变法，被慈禧太后打入冷宫监禁，后又被溺死于宫井中。

益浓厚。

光绪二十四年（1898）正月，康有为被召到总理衙门，再次申说了变法的主张，并提出了变法的步骤，同时批驳了荣禄、李鸿章等人的诘问，受到翁同龢的赞赏。正月初八，康有为上《应诏统筹全局折》呼吁光绪皇帝坚定变法的决心，指出只有变法才能救国。他提出了变法的具体办法：一、"大誓群臣以定国是"；二、"立对策所以征贤才"；三、"开制度局而定宪法"。《统筹全局折》是资产阶级维新派政治改革的全部要求，也是戊戌变法的施政纲领。光绪帝看了这个奏折，非常满意，更加坚定了变法的决心。

同年三月，康有为等发起成立保国会——戊戌变法期间维新派的重要政治团体，以"保国、保种、保教"为宗旨。康有为、梁启超等人在集会上发表的演说，在天津、上海、广东各地报刊登载，影响很大。此后，保滇会、保浙会、保川会相继在京成立。

光绪二十四年（1898）四月，光绪帝根据杨深秀、徐致靖、康有为等人的奏章，召集军机全堂，"下诏定国是"，决定变法。四月二十八日，光绪召见康有为，商讨和确定变法的步骤和措施。不久准许康有为专折奏事，并任命他为总理衙门章京上行走。康有为利用专折奏事的特殊待遇，不断地上奏折，递条陈，提出一系列新政建议。

根据康有为等人的建议，在百日维新期间，光绪帝先后颁布了100多道除旧布新的改革诏令。从内容上看，六月上旬以前，光绪颁布的新政主要是经济、军事、文教方面的改革。经济方面有：保护农工商业，设立农工商总局，切实开垦荒地，提倡私人办实业，奖励新发明、新创造；设立铁路、矿务总局，修筑铁路，开采矿产；设立全国邮政局，裁撤驿站；改革财政，编制国家预算等。文教方面有：改革科举制度，废八股，改试策论；广设学堂，提倡西学；设立译书局；允许自由创办报馆、学会；派人出国留学、游历等。军事方面主要有：训练海、陆军，力行保甲等。六月上旬以后，新政由经济、文教、军事方面扩展到政治方面。主要改革有：删改则例，裁汰冗员，撤销闲散重迭的机构；准许大小臣民上书言事，官吏不得阻挠等等。

新政遭到了封建守旧势力的一致抵制和反对。光绪颁布的变法诏令，除了湖南巡抚陈宝箴还能认真执行外，其他地方督抚大多置若罔闻。在中央，有些新政机关形式上虽然建立起来，但基本上被顽固派所把持。因此，变法诏书大多成为一纸空文。到慈禧发动政变以后，新政基本上被彻底推翻。

张之洞提出中学为体西学为用

光绪二十四年（1898），洋务派大官僚张之洞著成《劝学篇》一书，在总结洋务运动经验教训的同时，提出了"中学为体，西学为用"的理论口号。

所谓"中学"，指的是两千年来在封建社会里一直占统治地位的儒家学说——孔孟之道。这是整个封建思想文化体系的核心。其基本内容是维护封建统治秩序的思想和制度，包括社会政治生活准则、道德规范——三纲五常。张之洞引用董仲舒的"天不变，道亦不变"的教条，论述封建道统、伦理纲常是不能变更的。一切都可以变，只有这种天道不可变。他进而指出，要讲西学，必以中学为先。

所谓"西学"，指的是西方资本主义的政治学说和自然科学。"西学"也有"体"和"用"两个方面。西方资产阶级上升时期充满着反封建的革命精神，这个"体"，在张之洞看来是万万用不得的，君主立宪、民主共和、天赋人权等等，都是不符合封建道统与法统的东西。张之洞要用的"西学"主要是"应世事"和"济时需"的部分，即：学习西方资本主义国家的矿学、化学、电学、植物学和公法学，涉及练兵、制器、办厂、开矿、兴学等方面。总之，只学习外国的科学技术，而不引进西洋的政治制度。

作为封建统治阶级当权派的洋务派不能容忍有关资本主义思想的宣传。"中学为体，西学为用"的本质意义就在于清统治者为保护自己的腐朽统治，所以要办洋务、引进西方的坚船利炮；但他们又害怕输入西方的自由民主思想，破坏了封建的统治秩序，废除了他们的统治特权，因而特别强调君臣之义、三纲五常之类的伦常关系。

"中学为体，西学为用"作为洋务派的理论纲领，确是帝国主义与封建主义反动同盟的特殊产物。一方面，它同顽固派的思想是息息相通的；另一方面，它同帝国主义的奴化思想也是彼此呼应的。

朱红灯起义

朱红灯，原名朱逢明，山东泗水人，游民出身。光绪二十四年（1898），朱红灯到长清县（今山东齐河）学习"神拳"，曾率领拳众攻毁徐家楼教堂。后因地主民团压迫，他率众退到茌平、平原一带活动。心诚和尚，原名杨照顺，亦称杨天顺，早年出家为僧，又称本明和尚，山东高唐后杨庄人。他一向学习拳棒，在山东禹城丁家寺设厂练拳，是当地义和拳的主要首领。

当时，义和拳组织冠县18村庄乡民焚毁教堂，又在日照县反对传教，殴伤德国教士，接着又在莒州、沂州、兰山、泗水等处不断掀起反洋教、反侵略斗争。第二年，德国侵略军公然占领兰山、日照、即墨、沂州等地，镇压中国人民的爱国运动。清政府派兵与德国侵略军一同镇压，从而激起了以朱红灯和心诚和尚为首的义和拳起义。

光绪二十五年（1899），朱红灯定计集中力量，歼敌中路，以人数3倍于敌的团民，在九月十四日，于森罗殿挫败清军。清军为义和团的声势所震慑，狼狈逃窜。山东巡抚毓贤感到难以武力剿灭义和团，更坚定了招抚的想法。清政府也采纳了毓贤的意见。

义和团在森罗殿之役后发展更为迅速，引起了在山东传教的外国传教士的极度恐慌。他们推请各国领事、公使出面，要求清政府将毓贤革职，永不提用。

面对来自外国侵华势力的压力，毓贤加强了对义和团的镇压。十一月，朱红灯、心诚和尚这两位声威卓著的义和团首领在济南英勇就义。

孙中山改组国民党

陈炯明叛变后，孙中山赴上海，共产国际代表马林向孙中山提出改组国民党的建议，李大钊也多次拜访孙中山，商谈国共合作。孙中山接受了改组国民党的建议，于1922年9月召开国民党在沪各省负责人会议，拟定改组宣言及党纲党章。

9月4日，孙中山在上海召集各省国民党负责人53人，讨论改组国民党问题，陈独秀、马林、张太雷均应邀参加。孙中山解释了联俄、联共政策，马林讲了话。与会者一致同意改组国民党。9月6日，陈独秀被孙中山指定参加由丁惟汾、张秋白等9人组成的国民党党务改进起草委员会，起草国民党改组方案并草拟国民党党纲和党章草案。

9月18日，孙中山在上海发表了"致国民党员书"的党内通信，信中沉痛地回顾了同陈炯明的分歧、陈炯明叛变的始末及严重后果。他说，民国奋斗30年来，虽屡经失败，然"失败之惨酷、未有甚于此役者"。他在信中提出了今后的对策方针，并作了自我批评，"任用非人，变生肘腑，致北伐大计，功败垂成，当引咎辞职"，并决定联俄联共，彻底改组国民党，以重新振兴国民党的威望，实现国家的统一。

李大钊、陈独秀、蔡和森、张太雷等共产党领导人，以个人身分加入国民党。

1923年1月，苏俄政府代表越飞到达上海，与孙中山进行多次会谈，共同发表了《孙文越飞联合宣言》。随后，孙中山又指派廖仲恺去日本热海与在那里的越飞继续会谈。同时孙中山策动滇军和桂军将陈炯明逐出广州。1月

《向导》创刊号

16日，孙中山的军队重新杀回广州，陈炯明落荒而逃。在孙中山的策动下，联络了驻留广西的滇军朱培德部和杨希闵部，封杨为讨贼军滇军总司令，并联络了桂军刘震寰部，封刘为讨贼军桂军总司令，定于1922年12月10日向广东发动进攻。讨贼军进展非常顺利。1923年1月初占领封川、德庆、悦城等县，并于16日占领广州，陈炯明等残部逃往惠州。孙中山决定回广州重建大元帅府。1月26日，孙中山离沪赴广州重建大元帅府之前，发表《和平统一宣言》。

2月孙中山回到广州设立大元帅府，就任大元帅。继又聘苏联代表鲍罗廷为政治顾问，协助改组国民党。10月，孙中山指示召开国民党改组特别会议，委任廖仲恺、许崇智、谭平山等9人组成国民党临时中央委员会。

黄埔军校建立

1924年5月，孙中山在苏联和中国共产党的帮助下建立了"陆军军官学校"（全名为"中国国民党陆军军官学校"）。因其校址设在广州的黄埔岛上，也称"黄埔军官学校"，简称"黄埔军校"。6月16日开学。1926年1月更名为"中央军事政治学校"，国共两党均派有重要干部到校任职。孙中山任学校总理，蒋介石任校长，廖仲恺为党代表。在校本部下设政治部、教授部、教练部、管理部等。学生组织上设总队，下设分队。周恩来、熊雄曾任政治部主任，叶剑英曾任教授部副主任。恽代英、张秋人、萧楚女、聂荣臻等均曾担任负责工作。孙中山亲自制定了"精诚团结"的校训。

黄埔军校自创建至1927年4月共举办四期，毕业学员4981人，培养了一支保卫广州革命政权和进行北伐战争的骨干力量。其中不少人成为中国共产党领导的军事力量的领导骨干。第一期1924年5月9日至11月30日，主要学习陆军术科，包括步兵操典，射击教范，战术、兵器、交通、筑城等四大教程及战术作业等。第二期1924年8月至1925年5月，开始分步兵、炮兵、工兵、辎重、宪兵五科。第三期1925年7月至1926年1月。第四期1926年2月至10月，为提高学生水平，本期规定招收年龄在18岁以上24岁以下的高中毕业生，成立入伍生团，经训练后分别编入步兵军官团、步兵军官预备团及炮兵科、工兵科、政治科、经理科。此外，1925年6月，为培养部队党代表及政治干部，新设政治训练班负责培训各部队所送之下级干部，并设军官政治研究班。1926年2月又设宪兵教练所，3月增设军医补习所。北伐战争开始后为适应战争之需要，1926年11月，于军事科、无线电科、军用化学科等增设高级班，还专为孙传芳、吴佩孚所属投诚部队设置军官政治训练班。另外，黄埔军校附有两个教导团和潮州、武汉、长沙、南昌、洛阳五个分校。

黄埔军校虽然学制较短，但教学颇具特色，实行政治与业务、学科与术

孙中山率国民党党政军要员出席黄埔军校开学典礼。左起，前排，5为邹鲁，6为胡汉民，7为孙中山，8为蒋介石，10为许崇智，11为王柏龄。

黄埔军校大门

科并重的原则。学校除设政治课外，还颁行有"革命军格言"、"士兵日课问答练习"等以进行政治思想教育。此外还对学员进行群众纪律教育，教唱"爱民歌"。学员除学习军事科目外还积极参加实际战斗，如第二期学员参加了讨伐陈炯明叛变的"东征"战斗，为保卫广东革命政权、稳固北伐后方作出了贡献。黄埔军校是当时著名的革命军事学校，不仅学员积极参加了"五卅"、"沙基"和收回教育权等政治运动，而且毛泽东、鲁迅等许多知名人士曾亲临学校讲演。学校还出版有"黄埔小丛书"、《黄埔日刊》、《青年军人》、《中国军人》、《革命画刊》、《黄埔生活》等，并组织有"血花剧社"和"俱乐部"。1927年4月12日蒋介石背叛革命后，国民党反动派在学校组织了清党运动，逮捕屠杀共产党人，至此军校的性质发生了根本性的变化，不久更名为"中央陆军军官学校"，并成为蒋介石破坏国共合作、反对民主革命的工具。

联华影业复兴国片

1929年，在神怪武侠影片的浪潮中，一家新的影片公司"联华"成立了。它有别于其他许多影片公司，在经营方式、影片的创作内容和方法方面均显露了自己的特点，给人以"新"的感觉，引起了观众的注意。

联华影业公司的创办人和总经理罗明佑是官僚资本家、基督教牧师，他将自己1927年成立的华北电影有限公司同黎民伟的民新影片公司、吴性栽的大中华百合影片公司、但杜宇的上海影戏公司等电影机构合并，在香港成立总管理处，上海设分管理处，北京设分厂，并企图"在国内寻觅经营一广大之电影区以集中各厂于一处，成中国之电影城"。为了这个目的，他们还在北平设立了联华演员养成所，广泛吸收外资和国内资本家投资。由于"联华"善于网罗人才，尤其注意吸收具有新文化思想的艺术人员参与创作，为复兴国片做出了许多积极的努力。从1930～1932年止，共拍摄了《故都春梦》、《野草闲花》、《恋爱与义务》、《恒娘》、《一剪梅》、《南国之春》、《野玫瑰》、《人道》、《共赴国难》、《火山情血》、《奋斗》等故事片28部。这些影片的编、导、演大多是受了资产阶级教育

1934年电影《渔光曲》拍摄完成后，聂耳、王人美、蔡楚生、罗明（右起）在沙滩上合影。蔡楚生（1906～1968年），广东潮阳人，电影编导。代表作有《都会的早晨》（1933年）、《渔光曲》（1934年）、《一江春水向东流》（1947年）等。

《新女性》（1934，蔡楚生导演）

的资产阶级或小资产阶级知识分子，很不同于过去在电影创作中一直占优势地位的鸳鸯蝴蝶派文人和文明戏出身的电影工作者，因此在电影创作上完全摆脱了文明戏的影响，突破了中国电影长期因袭的连环画式地、流水帐式地交待故事的陈规旧套，比较讲究导演的技巧，更多地注意对电影艺术特性的运用和掌握，能够比较流畅地处理镜头的组接，给人耳目一新的感觉，受到普遍的欢迎，使联华形成了与"明星"、"天一"鼎足而立的局面。

1933年开始，在左翼电影运动的影响和该公司进步电影工作者的努力下，影片有了更大进步，摄制出了一批在中国电影史上产生过较大影响的影片，如《三个摩登女性》、《城市之夜》、《都会的早晨》、《母性之光》、《小玩意》、《渔光曲》、《大路》、《神女》、《新女性》等。这些影片在题材上突破了一般的市民生活的描绘，直接表现劳动人民、进步知识分子；在艺术手法上既注意民族化、大众化的表现形式，又努力吸取外国电影中的好经验，发挥电影艺术的特长，联华的影片也因此被当时舆论肯定为"新派"

电影的代表。

由于一开始就明确提出了"复兴国片"、"抵抗外片"、"提倡艺术"、"宣扬文化"的方针和口号，数年间，联华成为一家有影响、有作为的公司，为复兴国片做出了很大的贡献。

1937年抗日战争爆发，公司停办。

三联书店成立后，一直以鲜明的政治方向和竭诚为读者服务为其经营宗旨，以中等以上文化水平的读者为服务对象，主要出版人文社科方面的优秀著作，如巴金的《随想录》、冯友兰的《三松堂自序》等，该店出版的期刊《读书》已是知识界人士的一个学术阵地。1949年5月，三联书店总店迁往北京。1986年，在上海成立上海三联书店，1988年，香港三联书店改名为"三联书店（香港）有限公司"。

清华大学转为大学体制

1925年，清华大学（时称清华学校）开始设立大学部并招收四年制大学生，标志着清华大学开始转为大学体制。

清华大学的前身为清华学堂，是1911年清政府利用美国"退还"的一部分"庚子赔款"所办的一所留美预备学校。校址位于北京清华园。初设高等科和中等科。辛亥革命后改名为清华学校。1928年国民党政府接管后，改名国立清华大学，正式确立了大学体制。1937年抗日战争全面爆发后，为躲避战火，清华大学迁至云南昆明，并与同期迁至的北京大学、南开大学联合组成西南联合大学。1946年抗日战争胜利后，清华大学迁回北京复校。当时清华大学设有文、法、理、工、农5个学院26个学系，且在学制、课程、教材和教学方法上多仿照美国。

清华大学具有光荣的革命传统。广大师生在1919年参加了"五四"爱国运动。1926 年参加了"三一八"反帝爱国大示威。1935 年，清华大学师生积极参加了"一二·九"抗日救亡运动，成为当时全国学生运动中的重要力量。1945 年 12 月，西南联大掀起了反内战、争民主的"一二·一"学生运动。1946 年 7 月学校进步师生英勇地参加了反饥饿、反内战、反迫害的斗争，等等。在中国人民追求独立、民主、富强的斗争中，清华大学的广大师生（如闻一多教授、朱自清教授等）表现了中华民族的英雄气概，许多

清华园，原清华学堂校址。

青年学生为中国人民的解放事业献出了生命。有些学生经过长期革命斗争的锻炼而成为新中国各项事业的领导人，如胡乔木、蒋南翔等。

国民政府改革文书档案

　　1927 年 4 月南京国民政府建立后，在文书运转和档案管理方面沿袭旧例，公文手续繁琐，运转迟缓，档案管理紊乱，与现代政府所需之行政效能十分不相适应。为改革落后状况，受当时欧美行政管理理论和方法的影响，以内政部长甘乃光为首的一批政界人士积极倡导行政效率运动。文书档案改革运动则是其中的重要组成部分。

中国银行壹圆（1935，157×81mm）

1933年6月，改革公文档案会议在行政院主持下召开，讨论中央18个部会提出的《各部会审查处理会文改良办法》，重点在减少行文数量，简化运转层次和登记手续，提出了一些切实可行的具体措施。

改革运动的中心内容是试行文书档案连锁法，即在同一个机关范围内统一文书档案的工作流程。具体做法是：①分类统一，根据既定的分类方法，收发室负责统一分类。档案室亦按此归档，不必再另行分类；②编号统一，收发室统一编定全机关总收发文号，取消各承办机构的各自编号，档案室亦据此保管；③登记统一，收发室用三联票据登记所有收发文，收发室、档案室、文书科各存一张；④归档统一，文书经办完毕后，由档案室统一立卷归档。此法于1933年下半年在内政部试行后，逐步推广到江西、广西、湖北、四川等地。

1934年12月，行政院设立行政效率研究会，主任甘乃光聘请若干专门委员进行文书档案改革的研究工作。其所出版的《行政效率》杂志，也刊载了大量关于文书档案改革的研究文章。次年2月，档案整理处成立，协同行政效率研究会进行文书档案改革工作的调查、研究，单拟改革方案、报告，指导改革工作。后经费困

1934年2月，蒋介石发起"新生活运动"，要求国民的生活合乎仁义廉耻的固有道德，以使社会生活"军事化、生产化、艺术化"。图为"新生活运动"中的广告画。

停止工作,改革运动亦渐趋低潮。

　　文书档案改革运动不仅提供了一个公开划一的文书档案管理办法,从而加速了文书运转,提高了行政工作效率,而且使一批政界人士和学者更加重视文书档案工作,从而推动了中国档案学的产生和形成,且有深远影响。

实行银本位制废两改元

　　中国传统以银两为货币单位,外国银元流入后又产生了"元"的货币单位,"两"、"元"并用,而以"两"为主。宣统二年(1910)清政府颁布《币制则例》,规定国币单位为"元",后因帝制被推翻而未实行。民国三年(1914)北洋政府颁布《国币条例》,仍以"元"为单位,但"两"、"元"并行的局面并未改变。1933年3月8日,国民党政府颁布《银本位币铸造条例》,实行银本位制,银本位币定名为"元",即有孙中山头像和帆船图案的银元,俗称"船洋",重26.6971克,含纯银23.493448克;由中央造币厂铸造银本位币和相当于银本位币一千元的厂条;银类持有者请求中央造币厂代铸银本位币,须付2.25%的铸造费。一个月后,全国正式实行废两改元,中国从此进入为时短暂的银本位制时期。1935年1月,国民党政府进行法币改革,禁止使用银元,改用法币(纸币),银本位制结束。

紫金山天文台建成

民国二十三年（1934），中华民国中央研究院天文研究所第一个天文台——紫金山天文台建成。

紫金山位于南京城外东北面，东经118°49′，北纬32°04′，海拔267米。建台初主要的观测仪器有口径20厘米的折射望远镜（附有口径15厘米的天体照相仪）、口径60厘米的反射望远镜以及太阳分光镜等。抗日战争时除部

南京天文台。南京天文台是我国一座现代化的天文台，同时又是我国古代天文仪器陈列馆。中外驰名的浑仪和简仪等大型古代天文仪器大都陈列于此。

分仪器迁往昆明外，其余全遭破坏。

中华人民共和国建立后，对口径 60 厘米的反射望远镜进行了修复，用以进行恒星光谱、光电测光和小行星观测工作，添置了口径 14 厘米的色球望远镜和定天镜为 40 厘米的太阳光谱仪。1964 年又装设了口径 40 厘米双筒折射望远镜，用以观测、研究小行星和慧星等。1965 年安装口径 43 厘米的施密特望远镜，专门用来对人造卫星观测和研究。在时间工作方面，添置口径 100 毫米中星仪。自 1958 年以来，建立观测太阳的射电望远镜，现设波长 3 厘米和 10 厘米的两台仪器进行常规观测，研究太阳的活动规律并作出太阳活动预报。此外，还编纂和出版《中国天文年历》、《中国天文年历测绘专用》和《航海天文历》等历书。现为中国科学院下属的天文观测和研究机构。

紫金山天文台是综合性天文台，除对恒星、行星、太阳、人造卫星进行观测研究外，还进行空间天文学、射电天文学、实用天文学和天文仪器的研究工作。

紫金山天文台是中国权威的天文研究机构，它的建成，在中国天文学史上具有重要意义。

 ## 三联书店合并

1948 年 10 月，生活书店、读书出版社、新知书店在香港正式合并成立生活·读书·新知三联书店，简称三联书店。

生活书店于 1932 年 7 月成立于上海，前身是邹韬奋主编的《生活》周刊。该书店以出版政治性鲜明的社会科学著作而闻名，到抗战爆发前夕，已出版了近 400 种马列经典译著，如《反杜林论》《新经济学大纲》等。抗战初期，总店迁往武汉、重庆并隶属中国共产党的领导，继续出版更多的马列译著如

邹韬奋(1895~1944),江西余江人。参加抗日救亡运动,先后创办《大众生活》、《生活日报》,主张停止内战,团结御侮,并担任全国各界救国联合会执行委员。1936年与沈钧儒等被国民党当局逮捕。抗战开始后获释。先后在上海、汉口、重庆主编《抗战》、《全民抗战》。1944年7月24日病逝于上海。中共中央根据他生前的申请,追认他为中共党员。

总店迁回上海,1947年底又迁往香港。

《共产党宣言》《国家与革命》等,1945年抗战胜利,总店迁回上海,1947年又迁往香港。

读书出版社于1936年成立于上海,前身是李公朴主编的《读书生活》半月刊。该社出版的第一本书是艾思奇的《大众哲学》,到抗战前夕,已出版了《读书》等6种期刊及40多种图书。抗战爆发,总社迁往武汉、重庆,并于1938年出版了马克思的三大卷《资本论》等一系列马列经典著作,从此载誉出版界。1945年总社迁回上海,1947年底迁往香港。

新知书店于1935年秋成立于上海,前身是钱俊瑞等主编的《中国农村》月刊,到抗战前夕,已出版20多种社科著作如《大众政治经济学》等,抗战爆发后,总店迁往武汉、桂林、重庆,并以"中国书店"的名义出版《国家与革命》《论反对派》等马列经典著作,1945年抗战胜利,